『演员丛书』编审委员会

老程正好行

杜旭东
褚秋艳 著

中国文联出版社

唐国强

著名表演艺术家

《演员丛书》编审委员会主任委员

中国电视艺术家协会艺术家诗书画学会会长

中国广播电视社会组织联合会演员委员会会长

《演员丛书》总序

从1905年第一部无声电影《定军山》上映至今，中国的电影艺术已走过119个春秋。与之相比，电视剧要年轻一些，从1958年播出的《一口菜饼子》开始，到今天也有66年的历史了。百余年时光，大浪淘沙，谢添、赵丹、张平、张瑞芳、陈强、白杨、孙道临等众多演员将名字镌刻在银幕上。他们汇聚起一条光辉灿烂的星河，在时光流转中照亮了中国影视艺术的天空,并以璀璨夺目的壮美景象吸引着、指引着一代又一代影视人汇入这条长河中。他们努力着、骄傲着、燃烧着，以自己的一抹华彩，让中国影视艺术更加绚烂。

如何让每一代向往影视艺术的年轻人都能欣赏到这条星河的美景，让他们记住，让他们神往，让他们树立起艺术人生的标杆，让千百万有着艺术梦想的人向着成功艺术家的方向去努力、去奋进？诚然，观看这些著名演员的代表作品是绝好的途径，但是，影视作品中所见的大都是他们的艺术形象，若想全面深入地了解一代代影视人的人生经历、艺术理念、创作观点以及不懈奋斗的心路历程，阅读他们的传记无疑是最好的选择。

现在我国影视行业以每年500多部电影、6000余集电视剧的速度蓬勃发展，聚集了众多从事表演工作的演员。我作为中国广播电视社会组织联合会演员委员会的会长，一直有个心愿和计划：希望为当今德艺双馨的影视表演艺术家、演员作传，形成一套“演员丛书”。用榜样的力量端正广大演员的创作态度,进一步壮大社会主义文艺力量，创作出更多无愧于时代的优秀作品。同时，由艺术家亲自撰写或口述的传记，将成为他们艺术人生的最真实记录，更是中国影视历史的宝贵财富。

2014年3月，这一计划开始执行，历经十年,演员丛书项目得以有序开展并取得了丰硕成果。在此，我对张歌秘书长、编审委员会成员和演员委员会秘书处的同志们表示诚挚的感谢！

演员这个职业，需要在生活中不断地观察学习，不断去感受和领悟不同艺术门类的特点与精髓，从而在饰演不同时代、不同行业、不同年龄、不同地域的角色时，精准把握人物特点，真实展现人物，给角色以深厚的艺术感染力和生命力，所谓“功夫在诗外”就是这个道理。因而“演员丛书”的立传人选都是在艺术上博学通达、孜孜以求的表演艺术家，今年推出的杜旭东老师就是其中极具代表性的一位。杜旭东老师自幼便对艺术怀有执着之心，在影视、戏曲、舞台剧表演以及书法和绘画等多个艺术领域里都有着不凡的才华。他的表演虽厚重但自然，刻画人物拿捏到位又紧贴生活。他所塑造的《北洋水师》中的炮手王国成、《马本斋》中的哈少甫、《大宅门》中的韩荣发、《神医喜来乐》中的孟庆和、《种啥得啥》中的林老三、《三国》中的庞统、《我的故乡晋察冀》中的侯景太、《洪湖赤卫队》中的王金标等诸多经典艺术形象，亦古亦今，亦正亦邪，可幽默夸张，可悲壮肃穆，可狡诈阴险得让人憎恶，也可憨直淳朴得令人喜爱……如此层次丰富、百变的表演，肯定来自一个聪慧又勤奋的大脑和一双善于观察生活、提炼生活的眼睛，以及军人的自律、坚韧和努力。这些都是他能成为一名出色演员的关键。执着追求和勇于登攀，一直都贯穿在杜旭东老师的艺术之路和人生风景中，相信他的传记在给影视工作者以启迪的同时，更能给予年青一代演员和读者以积极向上的人生正能量。

让中国影视的星空永亮，是所有艺术家、演员、“演员丛书”的作者以及关心和支持本套丛书的社会各界朋友的共同心愿。让我们见贤思齐，在这个伟大的时代中不断修为、不断前行！

2024年5月20日

左为作家、编剧周振天，右为本书作者杜旭东。（拍摄时间：2022年2月）

序言

中国广播电视社会组织联合会演员委员会自成立伊始，就把为“德艺双馨”的艺术家著书立说，传承正确的艺德艺心列入演员委员会的重点工作，这是一件十分有意义的事情。特别是近年国家互联网信息办公室开展“清朗”系列专项行动，重拳整治网上文娱及热点排行乱象、“饭圈”乱象等，驱邪扶正，弘扬正气。此次专项治理行动得到了广大影视界同仁、观众和网民们的普遍认可。毫无疑问，“清朗”行动将使影视界、娱乐圈迎来一次大的变革，让真正有品德、有实力的表演艺术家获得更多人的关注与认可。在这样的大环境下，本书的出版正当其时。在影视剧界，“德艺双馨”这四个字对于杜旭东而言是实至名归。

我与杜旭东是海军政治部电视艺术中心的战友，自1987年相识，至今我们已经共事了30多年。作为军人，他履行使命的意识很明确，一向遵守军纪，忠于职守。作为演员，他兢兢业业，醉心于表演艺术，先后参与了几十部电影、电视剧、舞台剧的艺术创作。在我创作的电影《老少爷们上法场》《火种》、电视剧《神医喜来乐》《玉碎》《洪湖赤卫队》《金手指》《我的故乡晋察冀》《小站风云》等作品中，他都成功地塑造了剧中的角色。他也在海政电视艺术中心担任过多部作品的制片主任，一边完成剧组繁重庞杂的管理工作，一边又圆满地完成角色塑造任务。与他成为同事与战友，我很荣幸。

杜旭东原在海军杂志社任美术编辑，版画创作屡屡获奖，在书法、篆刻方面也是一把好手，真可谓多才多艺。说到影视剧表演艺术水平，杜旭东虽不是科班出身，但艺术悟性很强，更有青少年时期在河北梆子剧团的艺术实践积累。更重要的是他谦虚好学、勤奋刻苦，非常珍惜每一次艺术实践的机会。几十年的艺术实践与摸索，几十个各种类型角色的塑造，使他终于成为影视剧表演的行家里手。

记得电视剧《金手指》遴选演员时，导演对他说："你的角色只是个小人物，扮演一个心黑歹毒的狱卒。"杜旭东看了剧本后说："这个狱卒戏虽然不多，但有特点，我接了。"在剧中，这个狱卒被吕良伟扮演的男一号斥骂为"畜生"，引发他宣泄一段时长三四分钟无耻诡辩的贯口。在拍摄前杜旭东反复背诵，直至把台词背得滚瓜烂熟。开机时居然一条就过了，导演、摄影和在场的其他人都连声叫好。

在电视剧《小站风云》里，杜旭东扮演北洋水师的叛逃军官牛登瀛。有一场在日军炮火下牛登瀛仓皇跳海的戏，因为两条船要在海上配合，拍了三次，杜旭东就跳了三次，每一次都跳得很认真。甚至导演刚刚说“再来一次”，他二话不说，换了服装就继续。摄制组的人都说，杜老师也是50多岁的人了，为了戏把自己当作小伙子使唤。有他做榜样，在场的年轻演职员们没有一个敢马虎的。他的敬业精神可见一斑。通过在影视剧创作中的不断摸索与积累，他的表演艺术也越来越臻于成熟。他在《神医喜来乐》中扮演的无良药商孟庆和，在《我的故乡晋察冀》中扮演的国民党军参谋长侯景太，在《洪湖赤卫队》中扮演的叛徒王金标等，都是性格复杂、心态诡诈且贯穿全剧的反面角色，戏份都很重，但他都圆满地完成了角色塑造。

杜旭东拥有大批喜爱他的观众，网友、粉丝也戏称他为“反派专业户”“丑星”。其实，杜旭东也很成功地扮演过正面人物。譬如，在海军政治部电视艺术中心拍摄的电视剧《四保临江》中，杜旭东扮演机枪班班长田二贵。他将一个国民党军队俘虏加入解放军的心路历程，以及成长为战斗英雄后英勇牺牲的经历，演绎得真实可信、生动感人。在长篇电视剧《波涛汹涌》中，他扮演的憨厚质朴的退休干部施连志，也给人留下深刻印象。这些足以印证他能塑造好各种各样人物的坚实功力。

由于多次参与剧组遴选角色的工作，我对杜旭东接戏的规律做了个总结——他从来都是把艺术实践的机会作为第一位，至于戏多还是戏少、酬金给多还是给少都好商量。杜旭东是一位很念情分的人，他多次在采访中提及感激我的引荐之情、知遇之恩，搞得我挺不好意思。固然，一个人的发展、成功与外因、机缘会有一定的关系，但关键还是自己的人品和德艺修为。杜旭东如今也步入花甲，看了他对童年与少年的回忆，你就会了解他原生家庭朴实厚道的家风给他后来几十年的人生、事业的走向奠定了扎扎实实的底蕴。别看杜旭东大都扮演恶贯满盈、心狠手辣的反面角色，在日常工作、生活中，他重情谊、待人处世与人为善。每结束一个剧组的工作，他都能赢得好人缘和好口碑，与主创和其他演职员们都能建立起默契融洽的工作关系。不少导演、制片人只要一开始建组，常常会说："嘿，这部剧可别忘了老杜啊。"这大概就是杜旭东这些年来事业的路越走越顺、越走越宽的缘由吧。必须提及的是，杜旭东一直以践行"文艺为人民服务"的宗旨和思想，一直与老百姓打成一片。每当中国文联、中国电视艺术家协会或是海政电视艺术中心组织小分队深入老区、深入基层部队、深入农村慰问演出时，他都无条件地积极参加。正是因为经常下基层、接地气，他的生活积累越来越厚实，知名度也越来越响亮。网上有一句话，虽然有"鸡汤"味道，但用来说明杜旭东为什么会成功大概是很合适的："聪明只是一种天赋，而善良却是一种选择。”

总之，人品就是戏品，乐于奉献者就回馈频频。读了《春船正好行》，深感此言不虚。

周振天

2024年3月21日

周振天

国家一级编剧，原海军政治部电视艺术中心主任。现为军队专业技术二级，享受国务院政府特殊津贴。

作品多次获中宣部“五个一工程”奖、“飞天奖”、“金鹰奖”。

代表作：电视剧文学剧本《潮起潮落》《神医喜来乐》《楼外楼》《玉碎》《张伯苓》《护国大将军》《舰在亚丁湾》《上将洪学智》等。电影文学剧本《火种》《猎字九十九》《老少爷们上法场》《蓝鲸紧急出动》等。大型电视专题片《香港沧桑》《北上先锋》《壮士行》《国魂》。舞台剧、大型原创音乐剧《赤道雨》。话剧《深海》《危机公关》《天边有群男子汉》等。

自序

自从我踏入影视表演行业，观众对于我，总有诸多好奇与疑惑。

你的嘴是怎么歪的？

你是怎么当上演员的？

你还是军人呢？

你还会唱戏呢？

你在生活里是怎样的人？

你的妻子是做什么的？

你的女儿为什么长得这么漂亮？

……

这一切好奇与疑惑，大概都是因为我颇为独特、惹人关注、过目难忘的形象。因为这形象，我总是演坏蛋。观众也因反面人物而对我印象深刻，难免就会将我的艺术形象代入到对我现实中的想象里来。

从年轻时期到现在，报纸的采访也好、电视节目的访谈也罢，我对这些好奇解答了无数遍，也多次想要对我的艺术形象加以“辩解”——我不光演坏蛋，还演了不少好人呢；不光演过不少好人，还演过英雄呢。

但因为篇幅和时长限制，我的解答总是简明扼要，大概满足不了观众的好奇心，所以作用不大。每次上节目，或者在网络上与粉丝们互动，被问得最多的还是这些问题，至于我演的好人和英雄更是没有机会一一道来。

2021年6月，“演员丛书”负责人高鸿雁主任转达了演员委员会唐国强会长的邀约，要为我出版个人传记。这让我有点意外，也非常惊喜。意外的是，我从未想到过出传记这件事；惊喜的是，多年来我一直想将我的艺术和人生详细说一说。出版传记不就是最合适的方法吗？

契机难得，我马上开始在家中翻箱倒柜，找出了多年来珍藏的相册、画册，还有刊载在报纸杂志上的各种相关文章，一边看，一边在脑中“翻阅记忆”。我没有写日记的习惯，好在记忆力尚佳，很多尘封在心底的画面，随着与照片、图片的相互映照，忽地就浮现眼前，依然色泽鲜明、形象生动。

我忘不了学会翻的第一个跟头；我忘不了上台表演的第一个节目；我忘不了穿在身上的第一身军装。我庆幸曾在文工团里吃过苦，不然不会有牢固的表演根基。我感激部队的培养，不然不会有在美术上的成就。我更感恩与周振天主任的相遇，机缘巧合之下，高山流水遇知音，才有了我在影视表演上的诸多经典角色，观众才会认识我，我才会有资格来出版这本传记，成为“演员丛书”项目的一员。

在这里，我要再次感谢演员委员会，感谢唐国强会长对我们这些中老年演员的关怀、支持和厚爱。感谢张歌秘书长的鼓励和支持，感谢丛书团队积极有效的工作。更要重重感谢丛书负责人高鸿雁主任和撰稿人褚秋艳女士，她们极其认真、负责、专业的工作态度着实令我感动。

我的口述是根据时间顺序随兴而发，有时忽有所感就从此处跳跃到彼处。褚秋艳女士的文学水平很高，文笔很好，不仅能将我单纯的口述变成生动而有性格的文字，更难得的是，还能化身为我，身临其境，用我的口吻将我的人生经历和艺术创作娓娓道来，将我的内心表达得细致入微，让我能用另一个视角去和时光长河中的自己握手。

感谢高鸿雁主任从采访到定稿再到遴选图片和装帧设计都亲力亲为地推动，每个环节都进行了严格而专业的把关，为此书付出了极大的耐心和热忱。最后感谢设计师鲁伟娜，感谢为此书尽责尽力的所有工作人员，谢谢大家！

传记是人生大事，我觉得完成得不错。多年来观众们的好奇，在这本书里都能找到答案。一个真实的、多面的杜旭东，也在这部传记里跃然纸上。

期待与大家在这本书中的相遇！

杜旭东

2024年2月19日

目/录 contents

春 船 正 好 行

我想念舞台了，

我想念台下的掌声和台上的灯光。

我应该在舞台上尽情地翻跟头，

可是现在却只能爬着高、抻着脖子去使劲看。

再一低头看到的是自己身上穿的满是机油的工作服。

舞台就这样得而复失了吗？我要穿一辈子这身工作服吗？

第一章

逐艺少年

冰火两重

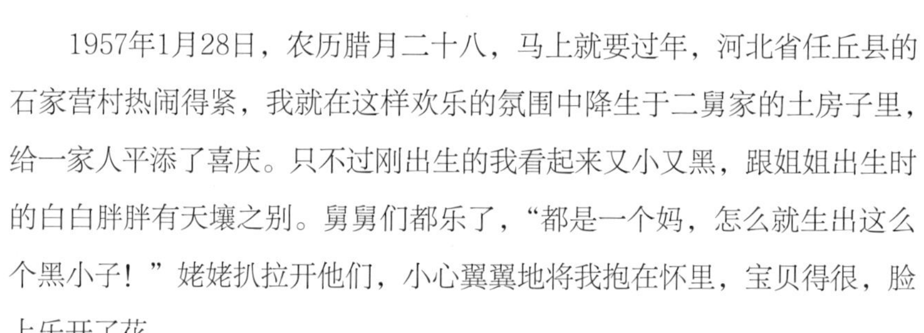

1957年1月28日，农历腊月二十八，马上就要过年，河北省任丘县的石家营村热闹得紧，我就在这样欢乐的氛围中降生于二舅家的土房子里，给一家人平添了喜庆。只不过刚出生的我看起来又小又黑，跟姐姐出生时的白白胖胖有天壤之别。舅舅们都乐了，“都是一个妈，怎么就生出这么个黑小子！”姥姥扒拉开他们，小心翼翼地将我抱在怀里，宝贝得很，脸上乐开了花。

我的父亲叫杜兴才，河北任丘人，1942年加入八路军参加革命，当过团政委的警卫员，在华北平原端过鬼子的炮楼，在白洋淀里伏击过敌人，还化装进城当过侦察兵。他带着一身伤疤迎来解放，支援地方工作，身上的军装变成了警察制服，先是在鄚州镇派出所当所长，然后到城关镇派出所当所长，后来回到任丘县公安局当治安股股长，接着升任任丘县公安局副局长，后来调进任丘县县委组织部工作。

我的母亲叫刘大爱，是任丘县麻绒厂的一名工人。她与父亲是怎么认识的我不知道，只知道嫁给父亲时刚16岁，从小也是个泼辣英武的小姑娘。抗日战争时期，石家营被鬼子占着，母亲就敢和日本军官的孩子们打架，喊着让他们滚出中国，有一次差点让日本人拿刀劈了，姥姥每次说起都还后怕。

我是父亲的长子，虽然出生时不太好看，但也是父母的心尖儿肉。可偏赶上母亲没有奶水，那年月也没有奶粉一类的替代品，我生下来就断了奶。本来就瘦小，姥姥可愁坏了，挨家去求正在哺乳的母亲们喂我一口。可恨这襁褓中的黑小子太过厉害，吃不饱就使劲咬，最后人家见到我都纷纷摆手，竟是没有一个人敢喂。父亲急了，想尽办法从天津给我买回羊奶。好容易长到几个月大可以吃辅食了，全家这才算稍微松口气，开始喂我挂面和鸡蛋羹。就这样，没有母乳的滋养我也长大了，并且身体结实得很，淘气得让父母头疼。

两岁时，我就闹着要跟在母亲的身后去河边，她洗衣服，我在岸边玩耍。往常母亲只要抽空一回头就能看见我，有一次她回头却喊了个空，刚刚还在自己玩石头的小人儿，此刻却不见踪迹。母亲噌地站起来，往下游的河水里望去，果然就看见我扎着冲天辫的小脑袋在水里上下浮沉，那一匝红头绳差点把母亲的心肝拽了去，赶紧一边高声喊着我一边拔脚就去追。幸而河滩平缓，母亲三步并作两步，浑身湿透，终于在齐腰深的河水里追上我，一把攥住那个小辫儿就将我从水里"拔"出来。定睛一看，我除了喝了几口水以外，别无大碍。母亲这才放下一颗心，紧紧抱着我上了岸，腿都软了，坐下哆嗦了半天才站起来。我是怎么下的水，母亲完全不知道。每次回忆起来，她都要责怪一声我的顽皮，感叹一声我的命大。

我5岁时，父亲已经是任丘县公安局副局长，工作太忙。在家里总也见不到他，母亲有空就会带我去公安局找爸爸。我见过爸爸抓坏人、审小偷，知道这里经常是严肃的甚至是有点吓人的，但在我们这帮警察子弟的眼里，公安局更多时候是一个玩耍的乐园，不仅有树有花，还种着各种蔬果，能"祸祸"的资源比较多。赶上其他叔叔阿姨也带着孩子来时，母亲便不再拘束我，我就放羊一样和小伙伴们在院子里疯玩瞎闹。有一次，我们跑去院内菜地

1984年全家福，这应该是父母最高兴的时候，他们的四个儿女都参加工作了。

姐姐、我和弟弟。

我5岁。

从保留下来的两张父亲年轻时身着军装的照片上，能想象得出他戎马半生铁骨铮铮。
但我记忆里的父亲，从不舍得动儿女一根指头，是妥妥的慈父。

一九四六年元旦日於勝芳合影紀念

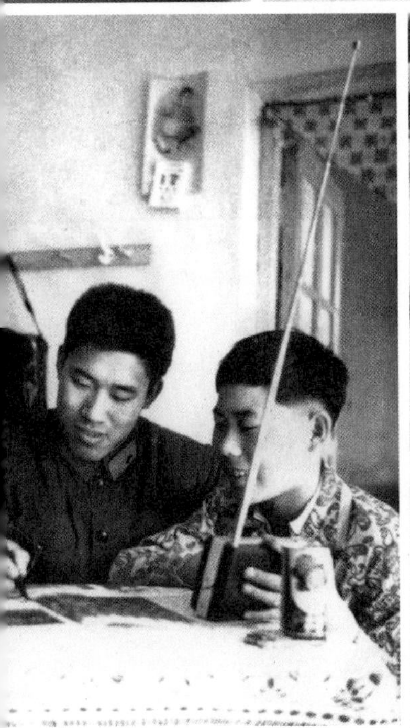

里扫荡，看见结了好多西红柿，来了劲头，也不管青的还是红的，大的还是小的，都一股脑儿地摘下来，拿衣服兜着送上三楼的办公室，又急急忙忙跑下来想继续摘。糟践东西也就罢了，下楼梯也不老实，大孩子屁股一歪坐在了楼梯的扶手上，哧溜一下就滑到了二楼，又快又省力，还帅气得很。我也有样学样，攀爬到扶手上，刚坐稳就放开了手，滑出去一两米后失去了平衡，重重地摔在二楼楼梯上，脸着地。

我先是摔蒙了，紧接着是铺天盖地的疼。我趴在那儿动也动不了，脑瓜子里嗡嗡响，隐约听见有人高声喊着我父母，然后留在记忆中的只剩下母亲的痛哭和父亲的呼喊。至于我是怎么被他们抱在怀里，他们是如何将我送去医院，甚至连做手术的过程，都已经想不起来了，不知道是因为年岁太小，还是因为伤情太重。

等我清醒过来时，已经躺在了天津的医院里。因为左侧脸部的骨头都碎了，任丘县医院治不了，父母带我辗转到天津才做上手术。住了三个多月的院，这半张脸的碎骨头终于被拼上了。高高兴兴出院时我的脸并没有太明显的异样，可随着年龄越来越大，我这张脸就越来越歪，这场重创还是伤了根本，本就不出挑的形象，更是雪上加霜。

最为看重的长子，摔歪了脸，父母肯定又心疼又烦恼，心疼孩子受这样的苦，烦恼孩子的未来会不会受影响。然而这样的心情是我自己为人父之后才体会到的，孩童时候的我，并没有太把这件事放在心上，养好了伤就立刻恢复皮猴儿的模样，每天生龙活虎。见我如此，父母也叹息一声，罢了罢了，孩子没有摔出更严重的问题，就是不幸中的万幸，什么也比不上孩子的健康，闹就闹吧，只要好好上学未来总有办法去弥补外表的缺憾。

所以受伤之后，父母对我的要求只有几条，不许拿别人的东西，父母的也不能随便拿，不许独自去游泳，以及不许欺负比我小的孩子。除此以外，我多淘气，他们也没有打过我，近乎纵容。唯有一次，动荡时期我夹杂在同学的队伍中冲一户人家扔砖头砸破了玻璃，还把自己的手划破了，没想到回到家父亲不仅没有心疼我的伤，还怒气冲冲地对我嚷：“小小年纪懂什么？怎么能跟着别人一起瞎胡闹？”“老师带着我们去的。”“谁带着也不行！”父亲拍案而起。我吓得一哆嗦，有点委屈，还有点不明白，但看着这样生气的父亲，我什么也不敢多说了。以后再有类似的事儿，我都躲得远远的。

父母宠爱我，可他们太忙了，一天里的大多数时间，我都与奶奶在一起。

我家是平房，有个院子，围着两米多高的土围墙，墙边有一棵榆树，树上和墙上被我用镰刀挖出了几个坑。只要奶奶一插院门，我就立刻踩着这几个坑迅速爬上墙头跳出去，好几次都崴了脚。

插院门就是奶奶要打我的信号，不逃不行。老一辈人管孩子大都用个“打”字，但奶奶打起我来毫不留情，没有一点顾忌，就好像我十恶不赦，棍子都断了好多根。有一次甚至挥舞着铁锹追打，我已经躲到父母的床下了，奶奶仍然把铁锹杵进来使劲划拉，打耗子一样，半天才罢手。整整一天，没吃没喝，我不敢出去，在床下躲到半夜。

因为我太调皮？可是奶奶经常会没来由地揍我，说话也从没有和善的语气。重女轻男？奶奶也会打我姐姐，只不过没有对我这样狠罢了。尤其在我的小弟出生之后，奶奶把所有的慈爱都给了弟弟，对我的虐打却变本加厉。同样都是血脉亲情，我还是家中长子，为什么奶奶会这样讨厌我？这种讨厌似乎是随着我的降生而与生俱来，并不会因我的表现而改变。

面对这样的生活，我每天战战兢兢，又忍不住地要反抗。能逃就逃，逃不了我也会梗着脖子对奶奶怒目而视，反抗的结果通常是迎来奶奶更盛的怒气和更重的抽打，可我就是不服，就是不会像姐姐一样站在那里任凭奶奶发泄。

妈妈很心疼，为此与奶奶爆发过几次激烈的争吵。姥姥也很生气，因为奶奶当着她的面对我也没有丝毫留情。好容易熬到了三年级，学校停课了，姥姥就把我接回了石家营。

天壤之别，冰火两重，这大概就是我在姥姥家和在奶奶家的生活写照。

奶奶特别暴力，姥姥则非常慈祥。奶奶对我有无法解释的偏恨，姥姥则对我有无法解释的偏爱。

姥姥与大舅住在一个院里，但是很独立，自己住在右厢房，并且有专属的灶台。大舅家有六七个孩子，整个大家庭有十几个孙辈，能住进姥姥的右厢房的，只有我这一个外孙。三舅很早以前就参加革命，那时正在延边军分区当政委，每月都给姥姥寄钱作为家用。母亲也会将我的生活费交给姥姥。姥姥将这些钱都用在了我的生活上，每天变着花样给我开小灶。烙饼、炒鸡蛋、包饺子、蒸馒头，姥姥的灶台一动火，就满院飘香，然后她会护食一样端进厢房，放到我的面前。大舅家的表兄妹们经常随着香气站在姥姥房门外，不敢进屋，眼巴巴瞅着。我过意不去，每次都会拿给他们些，分而食之。姥姥对此并不阻拦，只偶尔对我嗔怪一声："再给你就不够吃了！"我回头冲她龇牙一笑，她那故作严肃的面庞就会支撑不住，扑哧一声笑出来，眼睛里都是宠溺。

姥姥能包容我的一切，大舅母也像妈妈一样对我照顾有加。不用上学念书，村里可比城里有趣多了，我在石家营的日子过得那叫一个快活舒坦，很快成了一帮孩子的头领。一天我带着表弟们去人家桃园里摘桃，一个个小毛桃才刚长出来，根本不能吃呢，我们就跟鬼子进村一样"祸祸"了好几棵桃树。桃园的主人听到动静，拿着棍子就跑过来，表弟们跳下树都跑了，我动作慢了点，被抓了个正着。看着这些熊孩子的"战绩"，搁谁都得心疼，桃园主人一怒之下重重地打了我好几个耳光，我的脸一下子就肿起来，站在园里号啕大哭。

脸上疼，心里害怕，因为人家打完了也不让我走，我意识到大概这次淘气得过分了。不知所措的时候，泪眼蒙眬中就看见姥姥的身影。她裹着小脚，平常走路又慢又不稳当，现在却冲在了舅舅、舅母等一帮人的最前头，急匆匆向我奔来，我哇的一下哭得更大声了。

“祸害你的桃子是孩子们不对，我能赔你树，你怎么能打孩子呢？”“看这脸肿成啥了？都是巴掌印，你这么大一个人对一个孩子怎么能下这么狠的手！”

姥姥怎么护犊子我已顾不上听，只觉得吓得没处放的那颗心此刻落到了实地，我只管大声地哭。这个瘦瘦矮矮、跌跌撞撞的老太太，就是我的主心骨，我什么都不用怕了。

现在回想起来，深觉庆幸。如果没有姥姥，我在奶奶的棍棒之下压抑成长，不知自己这颗心会被冻成什么模样，我未来的生活也许都会伴随着霜刀雪戟。

一年后，学校复课了，妈妈来接我。坐在自行车后座上，我一直回头，冲姥姥使劲招手，哭得啥也看不清。我真舍不得离开姥姥，真不想回自己家。等远远看见我家那扇院门，那面围墙，那棵榆树，一股久违的排斥感袭来，眼泪流得更欢了，但车轮终究是要往前走的。

本以为去上学就好了，尽量等到妈妈下班的时间再回家，就能躲开奶奶了。没想到经过了一年停课，读书这件事也不再是我想象的情形。

我在任丘县城关公社东关小学上学，由于从小脑子就聪明，一年级到三年级期间学习都很好。语文算术没有能难住我的题，几乎每次考试都是100分，考99分都是偶然的没考好。我的姐姐跟我在同一所小学，她的学习就不太好，比我大两岁，却年年留级，最后和我成了同班同学。为此我没少嘲笑她，觉得简直不可思议。

但现实就是这样无情，等我停课一年再回到教室时，看着老师们在黑板上写的那些字和各种符号，我对姐姐的那些“不可思议”都变成“感同身受”了。字也不认识，那些符号根本就没见过。老师讲的都是中国话，我很认真很努力地去听讲，却一句也听不懂。课堂上的时间一下子变得难熬起来，我从一个优等生，莫名其妙就变成了末等生，这种挫败感将我的学习积极性打击得荡然无存。我倒也不难为自己，既然学习让人如坐针毡，

我的母亲。

我的姐姐。

我和两个弟弟。

翻遍相册，这张可能是我和母亲最后一张合影。母亲依旧开心地笑着，她在儿子心里的样子永远停在了此处。

干脆就将注意力和精神头都投向了兴趣爱好。

我爱看戏。任丘县河北梆子剧团经常在大礼堂演出，票价一张一毛。可小学生连一毛钱的票也买不起，看着门口张贴着《红灯记》的戏告又心痒难耐，怎么办呢？一帮孩子在礼堂周围徘徊张望，还真让我们找到了漏洞。礼堂外有个井盖，撬开后顺着下水道真就让我们摸了进去。趁着黑灯溜进观众席，不敢往前去，就在后排边角找个犄角旮旯站着看，看得如痴如醉。一开始经验不足，剧场工作人员在中场休息时会清场，一看多出这么些孩子来，就知道是溜进来的，都给轰了出去。后来我们的“作战经验”都丰富了，一到中场休息时就趴到地上，躲到座席下头，等清场结束下半场开始时再爬出来。

地上冰凉，灰土呛鼻，有时还会被人踢到，但我一点也不觉得委屈和难忍，因为躲过检查就能站在台下跟随铁梅和李玉和无声地唱全场，手也忍不住学起了动作，那种愉悦感超过了平常所有玩闹的快乐。我已经在认真地想象有朝一日也穿上那身行头站在舞台中央正气凛然地唱“临行喝妈一碗酒”了，到那时我的周身一定也是像他们这样光华璀璨，台下也一定有观众像我一样把巴掌拍得通红。

这个想象让我向往至极：不念书了，我要学唱戏！

可先从哪里开始学呢？

这时学校有了新政策，四、五、六三个年级的学生都归拢到一个年级，不用考试，等再开学就全都直接升入任丘县一中。由此，我认识了一个高年级的同学，名叫朱顺堂。

这位同学很厉害，以前在戏班里待过，还学过画画，见我想学戏，就教我翻跟头。先是带我去河边，教我大概的动作要领，让我试着往水里翻，不成功也摔不着。等成功率高了一些后，就领着我在麦秸垛上翻，最后是在城墙边的土地上翻。大孩子教小孩子，方法要领也不见得多科学准确，但由于我从小就身体灵活，胆子又大，还是学会了虎跳和前桥这样的跟头动作。这成就感，让我想学戏的想法更执着了。

朱顺堂也很喜欢我，教我翻跟头之余，还让我看他画画。这给我打开了一个新视野。心中想要画什么，纸上简单几笔就勾勒得栩栩如生。这样的本领让我羡慕，便也饶有兴趣地学起来。“画人难画手，画马难画走。”朱顺堂将自己学到的绘画技法毫无保留地教给我，我笔下也越来越有神，甚至还参加了学校里一个小小的画展。

越是有进步，就越感兴趣，而兴趣又是最好的老师。初中前的我，闲暇时间里不是在练翻跟头就是在画画。有时在街上遇见剧团的演员，就会不由自主地跟在他们身后，心里想：演员就是和普通人不一样，这身材、这气质，一眼就能认出来，普通的灯笼裤也能穿得那么精神漂亮。若有一天我也能成为他们中的一员该多好！如果唱不了戏，那当个画家也不错！

演员，画家，年幼的我在心里埋下了如此远大又天真的理想，却不敢说出来。因为父亲认为读书升学才是最正确的前途，画画是玩闹，当不得真。至于正规学戏，那更是想也别想。对此他有着非常执拗的坚持，不允许我反抗。

1968年9月，我背着行李走进任丘县一中，成为一名初中生，可以住校。我高兴极了，住校就自由了，既不会被奶奶打，也不会被爸妈管，可以尽情去做自己想做的事情。当然，这里头绝没有念书这个选项。一下子蹦到初中，还开了化学课，我更听不懂了。

事实上，进入初中后上课也很少，大多数时间都在搞各种运动以及各种演出。县一中有自己的校宣传队，我会翻跟头又喜欢表演，很顺利就加入了，并在军乐队做了个小号手。每当毛主席最新指示一发表，我们军乐队就上街庆祝，我拿着军号走在队伍前列，吹得贼带劲儿。

就在初中期间，为配合宣传，县一中决定要排一台大节目，有歌舞、有曲艺。父亲是县领导，对这台演出也很重视，特意从任丘县河北梆子剧团请来导演为我们排节目。有专业的编导和乐队，还定制了服装道具，这

台演出的面貌立刻就焕然一新，很有点专业院团的架势。

我也被分配了一个节目，要说一段群口词。这大概是我人生中第一次正式登上舞台表演节目。我兴奋极了，早早地就把词儿背得滚瓜烂熟，还相应地设计了几个身段动作，幅度不大，却有力。盼哪盼哪，终于盼到演出的这天，在后台换上演出服，有人给我简单地化了妆，一切体验都是第一次。我在后台来回绕，左看看右看看，新奇又激动，就是丝毫没有即将要上台的紧张。

怎么会紧张呢？一想到我就要走上那个向往的大舞台，站在正中间，台下会有观众给我鼓掌，就忍不住要欢呼雀跃了。

轮到我的节目了，一切都如我所想，背熟的词儿自己就会往外蹦，我只管用饱满的感情去表现。于是台下真的响起了满堂的掌声，这是为我响起的掌声。这成就感，远比我想象中的还要美好。

舞台，对我来说似乎有着天生的吸引力。从那一天起到现在，每次走上舞台，我就会通体舒泰，乐在其中。

演出结束，我特意没有卸妆就去找爸爸，想听他夸夸我的表现。爸爸确实挺高兴，但仍然着重说了句：“还是要好好念书，别老参加宣传队的活动！”

一盆凉水，又将这团火浇灭了。

1973年，我和父母、小弟弟在天安门留影。

华人民共和国万岁
世界人民大团结万岁

如鱼得水

1970年，由父亲带队，任丘县河北梆子剧团去北京平谷演出。回来后团长来到我家，看到我就笑着对父亲说："听说您家旭东喜欢唱戏啊，看着就机灵，是个唱戏的材料，我把他带走吧。刚好我们要排《收租院》，还差一个小孩儿演员。"我的眼睛瞬间就放光了，赶紧扭头看父亲，可父亲还是呵呵一笑，回答说："那怎么行，孩子还上学呢！平常玩闹做不得数。"果然没有意外，我只能垂头丧气地走开，心里失望至极。

没过多久，父亲接到一纸调令，被调往黄骅的河北省南大港农场，这是河北省的直属农场，与县平级的单位。父亲调任，全家也都要随迁。父母先去打前站，奶奶带着姐姐和弟弟回老家等待搬家。我不愿意跟着奶奶，就自己住在任丘县煤建公司的家属院里。这段时间我很是快活，煤建公司食堂的饭菜很好吃，也没人管我，放学就回来画画，画各种花鸟和人物像，乐在其中不知疲倦。

然而自由的时光总是短暂的。1970年5月，一辆卡车拉着一车破家具和我们，来到了南大港农场。

一下车，我的心就凉了半截。说是与县平级的单位，但毕竟这里是个农场，除了大片农地以外，就只有一条大土路和几排红砖房，比起任丘县城来，条件可差得太远了。安顿好住处，就安排我在南大港中学上学，坐在课桌前，我更加五脊六兽了。

正在烦恼时，忽然听到一个消息，南大港文工团恢复招生了。

我一下子激动起来，恨不能当时就把书包抛到九霄云外，暗下决心，这次机会坚决不能再错过了。

背着家人，自己一个人悄悄来到了南大港文工团的招生考场。考试内容就几项，先问会不会毯子功，我翻了几个跟头，不在话下。又考唱歌，看嗓音和音准，唱的是《大海航行靠舵手》，也是顺利过关。最后考小品，我当时正爱看电影《奇袭》，里头有段“捉舌头”的戏，觉得很适合我，没少模仿，这下也用上了。不用说，招生老师们一致通过，当场就决定要录取我。

考试不难，难的是考试之后。被当场录取，我当然高兴，都快跳起来了。可是老师一问我的父亲母亲是谁，都互相看了看。

这是农场领导的儿子，他们想录取，也得征求领导的意见啊。

我那点儿高兴劲儿立马偃旗息鼓。果然，没有意外，还是躲不了我父亲这关。

一路耷拉着脑袋踢着石子儿往回走，沮丧得很。怎么办呢？这次又做无用功，还要回到那个教室里去听天书？我停住脚，抬头四望，目光所及都是农场。不行，这次机会要是再错过，那舞台于我可能就真的遥不可及了。

我打定主意回到家，父亲已经知道了我去考文工团的事，正沉着脸等着我呢。心头一阵委屈涌上，不等父亲问就先发制人。

“这是我自己凭本事考上的，我要去！”

“上学才是正道儿！”

“唱戏也是正道儿！我想当演员怎么了？”

“当演员能上大学吗？”

“课都听不懂，上什么大学？”

“只要用功就能听懂！你小时候不一直是优等生吗？”

“那好几年不上课是我的问题吗？我想干自己喜欢的事情就这么难吗？”

说完这句，那会儿趴在观众席座位底下时地面的冰冷，鼓足勇气学翻跟头时摔打的疼痛，我都想起来了。喉头一哽，眼睛一酸，那眼泪不由自主就流下来。

大概是我哭得情真意切、悲伤难抑，爸爸竟一时无措起来，只摆着手说：“男子汉大丈夫，哭什么！”可是语气明显软了下来。我一边哭，一边偷眼观瞧父亲的表情神态。哟，看来这招儿管用啊！有门儿！一高兴，下足力气，哭得更大声了。

整整三天，我学也不上，就在家里围着爸爸哭，时而抽泣，时而号啕。妈妈看着心疼，不时劝着。爸爸见我眼睛肿得桃儿一样，嗓子哭哑了，嘴唇都爆皮儿了，也心疼啊，实在被我磨得没办法，妥协了。

“唱戏可苦！”

“我不怕！”

“自己选的路，不许再哭着反悔！”

“绝不反悔！”

斗争胜利了，我跑到屋外，看着蓝天，忍不住欢呼起来。爽透的空气充满胸腔，由内而外，身心皆是自由。

1970年9月，我13岁，单薄的肩膀背着行李来到南大港文工团，正式开始了学艺和表演生涯。

学戏苦，在南大港文工团学戏更苦。

毕竟是一个小小的农场文工团，硬件条件极为有限。只有一个小院子，两间宿舍。男生宿舍就是一个平房，面积不大，两条大通铺，都是土炕，要挤下二三十个人，中间走道上放着一个大尿桶。晚上睡觉甭管听觉嗅觉还是触觉，都不甚美好，但大家都睡得很香，因为白天足够累。

我们是文工团，戏曲、话剧、歌舞剧等啥都得演。所以我们进团后并不像普通戏校一样归行细学，而是什么都得学，哪行都得会。早晨四点就要起来，跑到河边喊嗓子，先是戏曲的喊嗓，再是话剧的练声。七点半吃完早饭后下地劳动，要自己种菜供给文工团的伙食。到了下午不是练毯子功、把子功，就是排练剧目。文工团买不起地毯，我们就在土地上翻扑摔打。一天下来，回到宿舍哪里还顾得上气味好不好、床铺挤不挤，倒下就睡着了。

练功和劳动都很辛苦，文工团的伙食也不怎么样。一个星期只能吃上两次馒头，其余顿顿都是窝头、玉米面粥配咸菜，每天中午能吃上一顿熬白菜。妈妈心疼我，经常做了鱼或者鸭子，让弟弟给我送来打牙祭，但团里人多啊，一人一口也就分完了。

即使这样苦，我却每天都高兴得很，如鱼得水。

这是我期盼已久的，也是自己擅长的。进文工团前，我翻跟头的功夫都是自学，到了文工团后，在专业的训练下，又有了质的飞跃。

硬件虽差，文工团却请来了天津戏校的专业老师教我们练功。先练顶功，靠墙倒立，正常人三分钟就支持不住，我却能很快掌握要领，可以不靠墙凭空倒立，还能倒立着往前走。顶功之后是练腰功，把着杆甩腰，我的软度和完成的精准度都是班上数一数二的。至于拉山膀、跑圆场，老师都没费多少力气在我身上。翻跟头更是进步飞速，以前自己练，只会虎跳和前桥，还只能往前翻，怎么也学不会原地翻跟头。经过老师的指点，不仅能原地翻一串，还学会了很多高难度的动作，如小翻和毽子小翻、虎跳前扑等，都是空翻或者组合型的跟头串子。老师站在那，我估计好距离，翻完就能正好定在老师面前。小翻需要腰功好，掌握好技巧后，我一腆肚子就是一个，毫不费劲。有时候拿着饭盒去食堂，走着路也能翻一趟跟头，那叫一个行云流水、游刃有余，我得意得很。

除了功夫名列前茅以外，上台演出是另一项大满足。辛苦练功，不就

1970年，南大港文工团部分学员合影。

1971年春，我在北京天安门前留影。

为了能在台上崭露头角么。但我年纪太小，只能从小孩儿的角色演起。进团没多久，我就参加了大型话剧《农奴戟》的演出，饰演山伢子。没几句词，也没多少戏，但在灯光炙烤下，我的成就感和满足感与学校里的演出完全不可同日而语。这是真正的舞台，我在一个真正的剧团里，我是一个真正的演员了。

从此，我不停穿梭在歌剧、话剧和戏曲的舞台上，演小孩儿或者当武行。后来还真的站在了《红灯记》的舞台上，演鬼子兵和游击队员，离台中间的李玉和更近了些。

最高兴的事情就是全团出去慰问演出，不仅能看到别处的风土人情，还有好吃的。尤其是有一次去承德，记忆犹新。

1971年6月，南大港文工团带着京剧、话剧和歌剧的演员、灯光、服装、道具等全配置，开着三辆大卡车，过天津到怀柔，再经密云往承德。都是土路，一路颠簸，风尘仆仆，人人都吃了一嘴的土。

等到了承德市，团长取出军大衣，给我们发下来。我觉得新奇极了，六月的天，正热呢，就算承德是避暑胜地，也不至于穿军大衣啊。接着车就往围场县开，越开越冷，等过了围场县，开始盘山，这军大衣就已经穿上身了。我们要先去坝上草原，一路山路盘旋，不时会蹿出几只黄羊，还看到了狍子。这狍子果然是傻，汽车过来也不躲，大灯照着，它们就在路中间站着，还扭头瞅我们，最后还得驾驶员下车去轰开才能继续前进。等到了塞罕坝机械林场，一吃饭，嗬，桌上全是黄羊肉和狍子肉，别提多香了。

慰问演出不卖票，后台设在机械林场的礼堂里，舞台就是在室外搭了个席棚。那天演出《红灯记》，我的状态不佳，开打时没配合好，一刀坯砍到了伙伴身上，台下观众可能并没有注意到，可自己心里挺不好受。演完后林场招待我们，拿出了宣化啤酒，还敬我酒。按理说我刚十四岁，不该喝，那晚却因为心情不好，接过来就喝了，发现还挺好喝，于是喝了好几杯。

酒足饭饱后，大家都散了，我的脑袋有点晕，同另一个伙伴一起脱离了大部队。我们在礼堂后头绕着，一边走一边聊天，远处不时传来一阵阵狼嚎，像小孩儿哭一样。我俩酒气上来，一点也没在意，最后在礼堂后台里找到两把椅子，坐那就睡着了。我们睡得挺香，前头可乱套了，文工团凭空丢了俩人。四周就是草原林场，有各种野兽，大半夜俩小孩要是出危险这事情可就大了。团长带着人四处找。林场也出动了警卫，可着林子找了一圈也没找到。最后才进了礼堂找到了后台，看见我俩瘫在椅子上打呼噜，大家都哭笑不得。

原本以为是虚惊一场，警卫却发现窗户开了，窗台上有几个狼爪印。我们这才一阵后怕，不知道什么时候，狼已经翻过窗户“光顾”过我们了。为什么没有咬？大概是因为我们睡得太死，一动不动，也可能是回去叫狼群了。反正，这顿啤酒差点让我成了狼的夜宵。

有了演出的快乐，生活的苦就不在话下了。但随着成长，我心里对现在这个舞台也逐渐生出了迷茫。

这天来到沧州新华礼堂演出，舞台上竟然铺着厚厚的台毯，我们都高兴极了。地毯对我们来说是难得的奢侈，演出前我们就在台上使劲地翻跟头。这手感这弹性可太好了，可算是过了瘾。我们这种欢呼雀跃式的翻跟头，在大剧团人的眼里简直就是没见过世面。看到他们轻视的模样，我们提出有本事咱们比翻跟头。他们不甘示弱，结果一比却输了，下台前还悻悻地扔下一句：“苦地方来的，就是能翻。”

我从未觉得吃苦有什么，但是这次演出之后，我忽然意识到，真正的问题不是条件怎样，而是舞台的大小。不管我多努力，南大港文工团也只是一个农场的文工团。我能走上的舞台太有限，能看到的世界太有限，当初最想要的光芒万丈，这里能给我吗？

1980年，我回家探亲，到南大港文工团穿着团里的戏服拍照留念。

兜兜转转

1972年，正在我为前途迷茫的时候，父亲说秦皇岛有家水产学校招生，是一所中专，学开轮船，问我是否愿意去。

我知道父亲打心底还是认为上学念书是正经前途，在文工团的这一年多他一直在等着我自己“想明白”。虽然我对上学没多大兴趣，但是一听“学开轮船”，真有点动心了。站在船头眺望大海，一声令下海轮就乘风破浪扬帆远航，这样的画面是每个少年都向往的吧！我就带着这样的憧憬，告别了南大港文工团，收拾好行李，来到了秦皇岛市的河北水产学校。

起初一切都还挺新鲜。学校确实坐落在海边。8个人一间宿舍，我的年纪最小。有些大哥哥是老三届的学生，能比我大出10多岁，见我进宿舍大家还都很照顾我，父亲就心满意足地回去了。而我直到走进教室，才知道“上当了”。

我在轮机班，想象的是直接学开轮船，可是课堂上讲的全是数理化。当初就是学不下去才考的文工团，现在怎么又转回来学文化了呀？还是直接跳到中专，跨度更大了。我连方程式是什么意思都不知道，这还怎么学？每天上课就打怵，越打怵越学不好，门门考试都不及格。我急得抓耳挠腮，成绩总是倒数，实在难看，于是使出了浑身解数去学，也只有一次考了个60多分。

在文工团里的自信和骄傲在这里被打击得烟消云散。我很沮丧，正琢磨着怎么能退学，又得到消息马上就能去唐山的轮船上实习。也许实习就能真的开轮船了？那就再忍耐几天吧。

等好容易盼到唐山，我站在海港，心里的最后一点憧憬也碎了一地。什么直挂云帆济沧海，什么乘风破浪任我行，都与我们无关。开大轮船是海运学院才能学的，秦皇岛水产学校的轮机班开的就是眼前这艘渔船，不大一点儿，打渔的。

理想与现实的差距还不止于此。上了船才知道，轮机班的工作不在甲板上面，而是在船舱底部。我们一帮人挤在船肚子里，闷热难耐。工作就是看着柴油机，维护运转。船一出海，随浪一漂，我在这个密闭空间里就直接晕船了，一边吐一边自问，我为什么要来这里?

熬完实习，就放暑假了。我回到南大港，跑回文工团，跟团长说我不念中专了，我想回来。可是团长说："你这会儿再想回来，还是得你父亲点头啊！"

这兜兜转转一大圈，怎么又回到起点了呢?

可这次离开文工团是我自己同意的，父亲对我这次上学寄予厚望，现在要再去跟他哭闹，实在也有点没底气。犹豫着，暑假就过去了。学校通知开学后就去天津内燃机厂实习。好在不用啃书本，天津又离家近，我还不敢跟父亲说退学，那就只能先去实习吧。

我们住在南开大学，实习就是每天穿着工作服去内燃机厂的车间里观摩。我对机械毫无兴趣，每天都过得索然无味。这天刚下工回到宿舍，就听说今晚南开大学礼堂里有演出，是某个部队文工团。我的眼睛一下子亮起来，迫不及待地跑去礼堂。此时礼堂不仅座位都满了，两边也都已经乌压压站满了人。我的个头小，没办法看到，就爬上了墙边的暖气片，手扒

参军前夕，我和任丘县的初中同学合影留念。

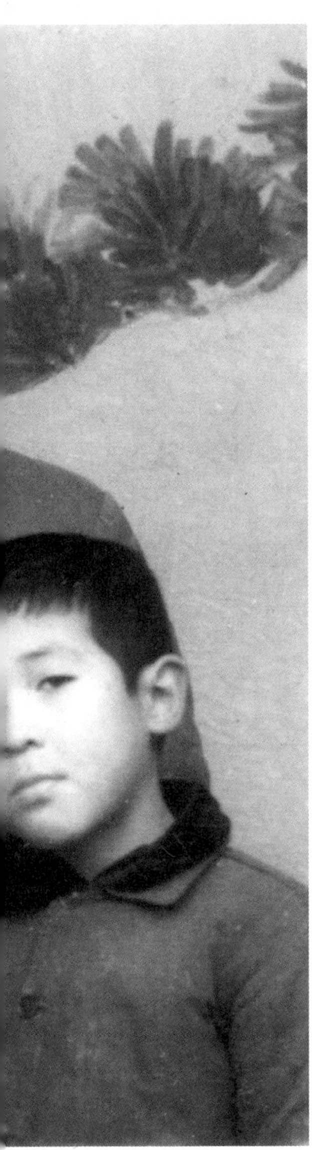

14岁的我。

着窗台，使劲往台上看去。

演员们都很年轻，有同我年纪相仿的，也有看起来20出头的，一个个戴着红领章、红帽徽，精神抖擞。一个节目接一个节目，台下不时响起热烈的掌声。而我看着看着，眼眶就湿了，我的功夫比他们一点不差呀，要是也能穿着军装当一名文艺兵，要是我也能有这么多观众，那该多好！我想念舞台了，我想念台下的掌声和台上的灯光。我应该在舞台上尽情地翻跟头，可是现在只能爬着高、抻着脖子去使劲看。再一低头，看到的是自己身上穿的满是机油的工作服。舞台就这样得而复失了吗？我要一辈子穿这身工作服吗？

我心中一阵酸，低头四望，全是人。可我的不甘能跟谁说？我此刻的心情又有谁能体会呢？

在秦皇岛水产学校时，我和同学李春新一起去山海关。

此刻除了自己，谁也体会不了我的畅快淋漓。
我必须长啸，必须大喊，
才能将曾经压在胸口的茫然抑郁都彻底抛出去，
换成新鲜又远大的光明远景。

第二章 笔下沧澜

必有回响

朋友易有，知音难得。分享、理解和支持是精神世界的必需品，也是奢侈品。人生旅途中若是没有一二知音陪伴，那心中的苦闷和孤独是难以忍受的，就如在天津实习时的我。

幸运的是，妈妈同我母子连心。

我的母亲，是一位典型的贤妻良母。父亲有什么意见，她总是赞成，几乎不曾有过反对。对于我喜欢的表演和绘画，她不是很懂。我的理想究竟有没有前途和希望，她更是没有什么概念。但是她知道我不快乐，她希望我能快乐。

当我正在苦闷不甘、进退维谷时，母亲来到了天津。她对我说："家里正在征兵呢，听说有文艺兵，你要不要回家看看？"我腾地一下站起来，这不是心想事成吗？可是……我又慢慢坐下了。

"我好像还不够年龄。"

"文艺兵十五六就行。"

"可爸爸能答应吗？"

母亲冲我眨了眨眼，竟是有些狡黠："你爸就是当兵的，那你想当兵他能有什么说头？甭管文艺兵还是什么兵，不都是中国人民解放军吗？跟妈回家，咱俩一起，不怕！”

妈妈或许不能说是我的知音，却尽了自己的全力去理解并支持我。我高兴地翻了个跟头，她也笑得眉眼间都是满足。

果然，看见我跟在妈妈身后回了家，父亲皱了眉头。他刚要生气，听妈妈一说是去参加招兵，就不吭气儿了："先去考考看吧。"

有了这句"圣旨"，这次我是哼着歌儿，正大光明地走去考场。

征兵单位是沧州军分区的文艺宣传队，陆军。进了考场，招兵的班长问了句"有什么文艺特长"后，我的自信全回来了，铆足了劲儿，一连翻了几十个跟头没停歇。班长目瞪口呆："你以前学过吧？"我一拍胸脯，倍儿骄傲："那是，我正经在南大港文工团当了两年的演员呢！"班长点点头："那你不用考了，直接录取。你不是在秦皇岛上学呢吗，我们正有一个连长和指导员在那里征兵，给你个地址，你去找他们，由他们从秦皇岛带你走。"

这就应了那句话："念念不忘，必有回响。"想当文艺兵，还真就如愿以偿了。欢喜地往家跑，这次的路肯定没错，以后我再也不用羡慕别人了！

回家报喜，母亲似乎早就笃定我能考上，乐呵呵就给我收拾入伍的行李。可我还顾不上庆贺，赶最早班的车，匆忙到了秦皇岛。按照地址找到招待所，却不见人。一看时间，正是吃饭的时候，我转身就往旁边的食堂跑。果然，刚进食堂就看见两个穿着绿军装的解放军。

"解放军叔叔，您好，请问您是来招文艺兵的吗？我是从沧州来的，那边的解放军叔叔让我来找您二位参军。"

两人停下筷子，一听就知道了："哦，你是小杜吧。我们知道了，明天就去你学校找领导。"

回到宿舍，眼看我就要离开这个让我烦恼的学校奔赴向往的军营了，可是这一夜我睡得并不踏实，翻来覆去。

天刚亮我就爬起来，等啊等，却等来了学校不同意我退学的消息。

连长和指导员也发愁，若学校不同意我办理退学，那他们就没办法带我走。这怎么办？部队出面说不通，就只能家长来给我申请退学了。我跑到邮局给父亲打电话。他在家里正高兴呢，一听也急了，赶紧来到学校，直接就去了学校书记办公室。可太着急了，加上没有经验，我忘了跟父亲“串供”。

“领导同志，我们家里的条件实在艰苦，供不起孩子念书了。您同意我们退学吧！”这是父亲想到的退学理由。

“哦，家里条件不好？那昨天怎么有两个当兵的来说要杜旭东参军呢？”书记云淡风轻地拆穿。

父亲闻言，瞪了我一眼，然后只好尴尬地笑：“那个，既然您都知道了，这机会也难得，学校就通融一下，成全他吧。”

“得了得了，可怜天下父母心，你们的心情我能理解，但是这个事情得由学校党委开会决定，你们等通知吧。”

我忐忑不安地等啊等。幸好学校还是以学生的个人意愿和前途为重，最终同意了我的退学申请。很快，带兵的连长和指导员就回到沧州为我办理入伍手续。而我跟着父亲回到了南大港，等待分发军装。

台下远望的理想忽然变得触手可及，跟做梦一样。直到经过了退学的波折，此刻坐在家中等待第一身军装，一切都已经确凿无误，我才放了心。我，真的要成为一名文艺兵了。

站在镜子前，我昂首挺胸，敬了个军礼。妈妈扑哧一声笑出来：“这孩子疯魔了。”爸爸也摇摇头，走过来一边给我矫正军姿，一边严肃地说：“要当兵了，不能像在家中一样胡闹。军人就要服从命令听指挥，再苦再难一声令下也要勇敢地冲锋在前。知道了吗？”我重重地点头。

全家都在高兴地等待，可是又出了意外。还没等拿到军装，这天晚上忽然有人敲门。开门一看，又是两位解放军，不同的是，他们穿着灰色的海军军装。

父亲没在家，他们就对母亲说：“我们是正在南大港征兵的部队，听说您儿子很优秀，我们想把他带走。”

没等妈妈回话，我就赶紧说：“那不行啊，沧州这边都定好了，我马上就要走了。”他们又说：“沧州这边由我们负责协调，海军很需要你这样的人才，而且我们的部队就隶属海军司令部，在北京。”

听到这，母亲拦住了我：“解放军同志，您看这么大的事情，得容我们一家商量商量，等他爸回家再做决定，行吗？”两位军官同意，说明天再来。

等送走了他们，父亲回来听母亲一说，也不说话了，权衡了半天。我着急了：“沧州这边都已经定下了，海军那边又来要我。万一他们没协调好，我不是两头都黄了吗？”

“慌什么，等明天我跟他们谈谈。”

这之后的两天，那两位海军军官一直在和父亲“软磨硬泡”，说尽海军的好处，又去人民武装部说明了情况，获得了同意。既然武装部都同意了，父亲就最终拍了板，同意让我参加海军。

很快，填了体检表和入伍表，体检结束后，一身全套的海军军装就发到了我手中。父亲很高兴，因为这意味着我会去北京参军，可能会有更加远大光明的前途。而我哪管得了是陆军还是海军，只顾摸着新军装爱不释手，能踏踏实实地当文艺兵就足够了。

正是十一月，发的是一身灰色的冬装，棉袄、棉裤、外罩、棉鞋、棉大衣、棉帽子，除了没有领章、帽徽之外，浑身上下从里到外都配齐了。美美地穿上，尺寸正合适。只有一样不完美，栽绒的军帽在仓库里被压得变了形，绒都东倒西歪。听说拿蒸锅蒸一下就能恢复原貌，于是我就急急架起了笼屉。我以为，这有什么难的，帽子放进去生火蒸就是了呗，但我不知道要放水。直到妈妈闻到了煳味，才发现我干的蠢事，赶紧抢救，拿出来一看，军帽的绒都焦了。

我又忍不住想哭，跟接兵的同志说帽子坏了。人家也没办法，因为

我从着新兵军装入伍到1974年穿上了改制后的海军军装。

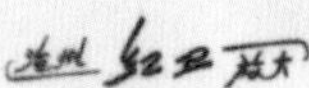
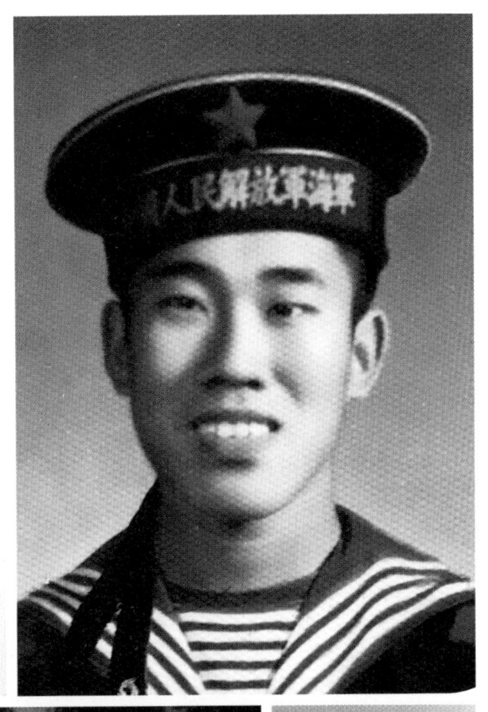
人民解放軍海軍

都是按人头发的，并没有多余，只能到部队上再换新帽子。可我不能光着脑袋走啊，还是母亲想了办法，把别的帽子上的栽绒面拆下来缝到我的军帽上。虽然看着有点奇怪，但好歹我也是穿上了全套军装跟着大部队踏上行程。

出发那天，好几辆军用卡车排了一列。我们这些新兵列队爬到车斗里。车下挤满了人，都是送行的亲属。我的父母和姐姐弟弟也在这人群中。母亲还在高声冲我叮嘱。重复着这两天一直在重复的话。父亲只微笑着看着我，一句话没说。一声令下，车子发动。我在晃动中又回头看了眼，只见父亲飞速地用手指抹了一下眼角。

1973年，我端起冲锋枪拍照。

从北京到侯马

卡车队伍到了天津火车站，我们上了一节闷罐车。不久之后火车停在了丰台站，我们都做起了下车的准备，可是指导员没让动。

不是说去北京吗？这都到了丰台了，怎么不让下车呢？难道是到北京站才下？新兵们都面面相觑，我壮着胆子问指导员原因。指导员说："咱们的总部机关是在北京，但是训练基地是在侯马，你们要先去侯马。"

"侯马在哪？"

"在山西。"

"还要走多久？"

"都踏实坐着吧，早着呢。"

随着这一声令下，我们都原地坐下了，跟随着一起落下的，还有这一颗心。搞了半天，"去北京当兵"还是个未来式。那到底还能不能去北京啊？这句话谁也不敢问了。

火车再次开动起来，随着车轮的"咣当"声，车厢里的气氛越来越凉。也不知道侯马到底有多远，只觉得铁轨长得没个尽头。20多小时之后，已经是第二天的晚上，车又停下了，我们才终于得到下车的命令。

在几盏照明灯的光影下，黑压压站了一大片的新兵，却安静得很，除了口令和脚步以外，别无杂音。冬日的夜里，凉气沁骨，每个人呼出的都是一团白气，更烘托出一种带有肃杀气的严肃氛围。部队是什么样，军人是什么样，在下车的一刹那，我就明白了。

我要参军的部队内部番号是航保勤务团，团级单位，足有几千人。列队集合站好，参谋长来迎接新兵并训话。

“首先，我代表部队欢迎你们！但你们还不是正规军人，还要经过训练，才能达到一名军人的基本要求。今晚，你们就将去浍河水库进行军事训练！”

没想到侯马还不是终点，我们又稀里糊涂跟着走了七八十公里，来到浍河水库。临时宿舍就是原水务局的一处土瓦房，12人一班，一班睡一间房。进屋一看，什么都没有，只是地上有些稻草。这些稻草就是我们的床了，垫在地上，铺上统一发放的褥子床单，一排躺六个，头对头躺两排，12个人就这样挤在这个小屋里了。

大通铺我可太熟悉了，在南大港文工团里就睡了近两年。那时条件已然够艰苦，没想到当了兵后这条件更苦，连炕都没了，直接睡到地上。可我们此刻都顾不得地上潮不潮冷不冷，赶了两天的路，早已疲惫不堪，迅速地铺上被褥，立刻就鼾声四起。

第二天一早，天还没亮，起床号就响起，我以最快的速度穿好衣服洗漱完毕，站到了操场上。我的从军生涯正式开始了。

新兵连的生活，总是充斥着各种训练，锻炼我们的意志。从立正稍息开始，除了站军姿走队列以外，还要学习射击和扔手榴弹等各种战斗武功技能。多苦多累都不怕，最害怕的是夜里紧急集合。一吹哨就必须在黑灯的情况下以极快的速度穿好军装，打好背包，拿着枪到屋外列队集合。指导员就站在外头数着秒，超时的新兵都免不了受到惩罚。看不见摸不着，再加上刚入伍，不手忙脚乱才是奇怪，不是跑丢了一只鞋，就是只穿了一只袜子。打的背包更是五花八门，有的打成了个球就背着跑出去了，或者

我和战友们都拿着“武器”拍照留念，那是崇尚战斗英雄的年代，黄继光、邱少云、电影《英雄儿女》中的王成都是我们学习的榜样。

在拉练里一边跑一边散，狼狈不堪。老兵们传授经验，让我们睡觉把背包带子就垫在床单下头，能加快点速度。从此夜里的哨音成了我们的噩梦，几乎没睡过一个踏实觉，谁都不知道紧急集合“今夜你会不会来”。最后都成了条件反射，不论何时听到哨音都会激灵一下。

紧急集合是军人的必修课。在发现和遭到敌人的突然袭击时，在受到火灾、水灾、地震、台风等自然灾害威胁和袭击时，在上级下达紧急任务或者发生重大意外情况时，紧急集合能让部队以最快的时间进入战斗模式。而日常的紧急集合训练对保持队伍的战斗力以及纪律性有着重大的意义。我们手忙脚乱地站到院中排好队只是完成了紧急集合训练的一部分，接下来还要全副武装地拉练和演习，甚至还要跳四五米深的壕沟。有一次训练的任务是到山林里寻找可疑目标和情报，若发现传单就要捡回来。我们摸黑进了山沟子，一番摸爬滚打地回来，从兜里掏出各自的“战利品”，真情报真传单是有，但也有人拿出来的是仔细叠好的擦屁股纸。漆黑的林子里哪看得仔细啊，觉得是张纸片就赶紧捡起来收好了。这会儿拿出来一看，不光我们憋笑辛苦得很，我看连长指导员们也一个个差点没忍住笑出声来。

除了训练之外，我们还要参加劳动。一月的天气，穿着棉鞋在室外站久了都要来回跺跺脚，我们却要赶在开春前下地翻稻田。水稻田，泥土是冻的，水已是冰碴，混在一起又冻又扎，每迈一步都是双重挑战。农场的兵虽然能吃苦，但我的岁数太小了，和我一般大的兵都坚持不了一会儿，就忍不住纷纷跳上田埂，脚太疼了。可班长不会因为我们年纪小而留情，经常一脚再把我们踹回田里。

“想想革命前辈们，爬雪山过草地都不怕，冰天雪地里抗美援朝也不怕，流血牺牲更不怕。你们做着普通农民每年都要做的事情，有什么好后退的！”

班长说得一点没错，我们有什么好后退的！这激起了我们不服输的劲儿，或者说激出了我们的昂扬斗志。不管是哪种吧，反正我们一个个一咬牙一跺脚，都生挺过来了。看着一垄一垄自己亲手翻好的田地，还是很有成就感和满足感的。

新兵连里的生活也有很多欢乐。我们可以在广场上拉起幕布看电影。总团的演出队也经常来给我们做慰问演出。坐在村里土戏台子下头，看着台上的歌舞，想着我不也是为了当文艺兵才参军的吗，什么时候才能上台呢?

别说，没过多久，这机会还真的来了。新兵连也要组织晚会，我给大家排了个节目《红军不怕远征难》。舞蹈动作的设计不在话下，这是我的专业，不过手上拿的道具枪变成了货真价实的半自动步枪。演出很成功，团领导来看望新兵时，指导员还特意把我叫过去做单独的介绍:“这是新兵连的战士杜旭东，以前就是专业剧团的演员，会演戏、排戏，还会画画。”副团长听了很高兴，上下打量了我:“小伙子很精神嘛！不错，是个好苗子！这样的人才咱们在分兵的时候得好好利用啊！”我听了心中暗喜，这下是不是就能在分兵时进演出队了?

1973年2月，我结束了新兵连的生活，被分到了制图二中队的六分队。分兵结果一公布，我的心一下子又凉了，不是去演出队吗，怎么又去制图了，那我当的到底还是不是文艺兵呀?再看一眼村里那个土台子，怅然若失。到底要走过多少曲曲折折，我才能接近心里向往的那片红氍毹[1]呢?

[1] 氍毹:一种织有花纹图案的毛毯，后逐渐演变为对舞台的习惯性称呼。

我在青岛鲁迅公园。

山西侯马，我和我的战友们。

文艺宣传队合影。

曲径通幽

回到侯马，到六分队报到后，给我安排的主要工作是学习绘制海图。

海图，就是以海洋为描绘对象的地图。我们是海军部队，研究的重点自然就是海洋及其毗邻的陆地的情况。描绘的内容包括海岸，海底地貌，航行障碍物，助航标志，水文及各种界线。那时也没有电脑，海图的绘制就全靠我们这样的绘图员用各种测绘仪器来手画。对这样的学习我还挺有兴趣的，加上本身就有不错的美术功底，学起来并不费力。实习了三个月后，各舰队来学习的和本部队的绘图人员被集中起来，由专门的教导队培训绘图专业知识和各种字体的美术字。培训为期八个月，地点就在距离我们部队两三公里外的山下。有很多练习作业，实行的是五分制，满分五分，依次递减。我大多能得满分，最差的成绩也是五减，各种字体的书写也都打下了坚实的基础，成绩绝对优秀。

业务能力上的自信最能让人愉悦。这时我又得知原来演出队和文工团不是一回事，演出队不是长期固定的建制，平常日子里成员们都有自己的本职工作，只有在演出活动前才会集中进行排练和表演。所以我并不是没有进入演出队，而是本职工作是绘图。其他成员可能平常要站岗、要看管仓库，与他们比起来，一边是我喜欢的绘图工作，一边是我热爱的表演事业，一根甘蔗两头甜，实在是被“好好重用”了。那心情，美得都快飞出碧海蓝天了。

在教导队培训结束之后，回到部队，领导将我调到了一中队机要美术分队，专门负责设计海图的花边及美术字等工作。从单纯地拿着仪器画线路图，变成更富有艺术创造性的美术工作，我更高兴了，踏踏实实地工作，积极主动地钻研业务，同时盼望着演出队的集合。不到两个月，领导突然派我和两个老兵去位于北京的地图出版社学习晕渲、绘制鸟瞰图。

入伍时，路过丰台，前往侯马，我不是没有憧憬过有朝一日能真的去北京，却没想到这条进京路会走得这样快。虽然只是去学习，但仅仅一年多的时间就被领导公派去北京，这样的重视和认可对仅仅17岁的我来说，是莫大的鼓舞。

地图出版社坐落在西城区的白纸坊。我住在公主坟的海军大院，每天早晨坐1路公交车再倒19路公交车。地图出版社里有专门的美术室，有专业的老师教我们，不仅学晕渲、画鸟瞰图，还能学习素描等绘画技法。17岁的快乐很简单，学的是感兴趣又擅长的绘画，食堂里的饭菜便宜又好吃，这半年我几乎每天都是笑呵呵的。

在北京学习期间，海军进行军服换装。战士的军装由灰色的65式军服改为74式水兵服，军帽改回了55式的苏式水兵帽，均佩65式的红五星帽徽，帽墙钉一圈黑色飘带，飘带上绣印着“中国人民解放军海军”的字样。新的军装帅气极了，我穿着水兵服去天桥剧场看舞剧《红色娘子军》，坐在第一排，乐队的人都站起来看我，小声说着“这军装真好看”。我得意又骄傲，整场演出都坐得端端正正，昂首挺胸。

半年后，我成功完成了业务升级，回到了侯马，正赶上演出队集合。一下子聚集起六七十人，都是各个连队里的文艺兵。我们排样板戏，排大型的舞蹈节目，仿佛重温了当初在文工团时的欢喜。不同的是，部队的演

做测绘工作的那些年，总觉得我和战友们都有着用不完的劲，除每天出操、训练、完成绘图任务之外，还能挤出时间习字画画、互相交流。

出队纪律严明，章法清晰。

在演出队，所有人都是演员，同时所有人也都是各工种的工作人员。在没有自己的角色时，或者自己的戏结束之后，不能像在普通剧团时一样聚在后台休息或者聊天，必须投入别的工作上去，比如，我卸了妆之后就坐到了乐队中。为了“一专多能”，大家都要学习。乐器不好学，要想短期内就能上阵，我只好挑了最容易的小锣。

在大型舞蹈《西沙海战》中，我要穿着海军服翻一长串的跟头，军帽容易掉。为了稳妥，我问队长能不能不戴军帽翻跟头。队长说：“当然不行！军容风纪很重要，不戴军帽成什么样子。”我只好想办法，在军帽两边各固定一根带子，然后在下巴上系个扣。演出当天，我把这个扣紧了又紧，都快把自己勒死了，才上了台去。但还是影响了演出效果，原本应该翻十个小翻，我只翻了五六个就不敢再翻了。一怕军帽被甩下来，二是军帽上的长飘带不停地抽打着我的脸，遮挡视线，看不清前方。不过还算是合格地完成了演出任务。

但毕竟岁数小，我也有出纰漏的时候。排演现代京剧《杜鹃山》，原本分给我的角色是罗成虎，虽然不是主角，但好歹是一个人物。我很高兴，积极地排练准备演出。可没想到最后还是把我的角色换成了自卫军战士，仍然演个大龙套，理由是我的岁数太小。从南大港文工团我就总听人说我岁数小，耳朵都起茧子了。岁数小就只能演大龙套吗？岁数小就驾驭不了角色吗？我很不服气，就犯了演员的大忌——带情绪上台，毫不认真。当站在台中间的柯湘唱响了最核心的那段“家住安源”时，我作为自卫军战士，站在后头睡着了。虽然没有酿成什么舞台事故，但是惊醒的那一刻，我自己吓得不轻，心脏扑通扑通地跳，出了一身冷汗。幸好幸好，这要是睡着了没站住，我就把演出搅和了，得负多大责任！从此以后，我再不敢轻视舞台，多小的角色都全神贯注，不敢掉以轻心。也是从此之后，我深刻体会到了作为一名演员，具备职业操守和责任感是多么重要。

我们也曾去天津演出，故地重游，却是别样心情。短短两年，之前的不甘变成现在的满足，身上带着机油的工作服变成了雪白的水兵服，在台下的种种念想现在都已成真。我不再是攀着窗台遥遥渴望舞台的观众，而是可以在台上表演的文艺兵。同天津专业剧团的演员们比拼毯子功，我好像手脚都装了弹簧，跟头越翻越快，甚至停下来后忍不住长啸一声。他们都奇怪，小小的一个比试我为啥这样激动兴奋？

是呀，此刻除了自己，谁也体会不了我的畅快淋漓。我必须长啸，必须大喊，才能将曾经压在胸口的茫然抑郁都彻底抛出去，换成新鲜又远大的光明远景。

我和我绘制的鸟瞰图。

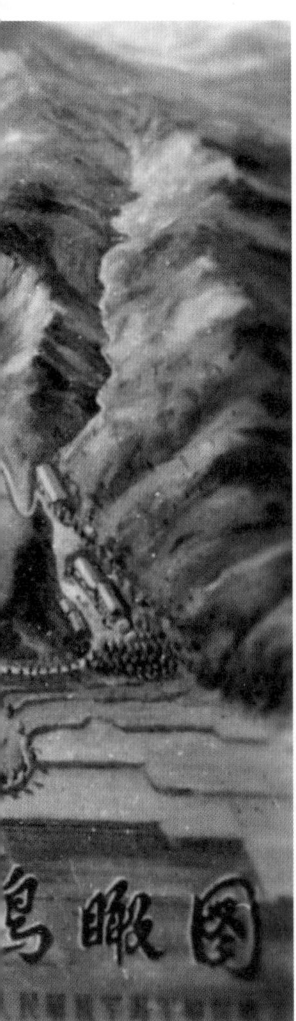

真怀念年轻时这朝气蓬勃的状态。

柳暗花明

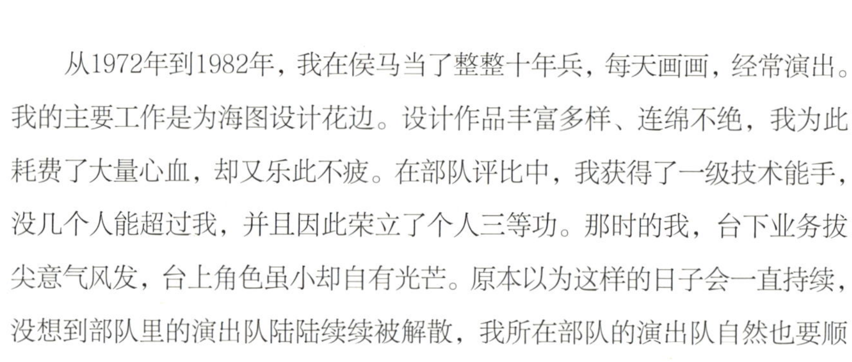

从1972年到1982年，我在侯马当了整整十年兵，每天画画，经常演出。我的主要工作是为海图设计花边。设计作品丰富多样、连绵不绝，我为此耗费了大量心血，却又乐此不疲。在部队评比中，我获得了一级技术能手，没几个人能超过我，并且因此荣立了个人三等功。那时的我，台下业务拔尖意气风发，台上角色虽小却自有光芒。原本以为这样的日子会一直持续，没想到部队里的演出队陆陆续续被解散，我所在部队的演出队自然也要顺势而散。

舞台道路忽然被迫终止，当然失落，当然委屈，然而此时心境已与少年时大不相同。因为舞台不再是人生前途的唯一选择，部队对我的培养让我有机会在美术上开拓出属于自己的一片蓝海。

至于那个炽热的舞台，那个光圈的圆心，暂且埋在心底吧，或许此生再不会触碰。只是我相信，只要信念一直在，则种子一直在；种子一直在，就终会有破土而出的那一天。

事实上，我确实也没有太多时间去为自己的舞台命运扼腕叹息，因为我正在侯马和北京之间不停地穿梭，不断地被借调帮助工作。

1976年，我又被公派到北京的中国地理研究所学习。不仅学习，我还经常帮着他们画图。理论加实践，这半年的时间又让我的业务能力提升了不少。从这开始，北京的海军机关对我开始了频繁的借调。我经常正在打着篮球呢，就被通知要立刻前往北京，执行紧急任务。有时会跟同领导或其他战友一起，有时就自己一个人，上了火车就连夜赶往北京。任务保密，大多都是要我去海军作战部手绘作战指挥图，并且要用毛笔以不同的字体在地图上标注不同的地点。魏碑、楷书、隶书、仿宋、等线，各种常用字体我都写得相当纯熟。由于我业务精良、性格开朗，很快就与北京的同志们打成一片，相处得十分愉快。海军作战部甚至想正式把我从山西调过来。调动当然好，那就正式进北京了。但画作战图，我始终觉得枯燥了些，内心还是更喜欢有创造性的工作。

1982年，我已是连级干部。副团长找我谈话，以为是说让我转业的问题，没想到他说："你们的命运不错，马上都要从侯马调走了。""调去哪里？""天津塘沽，进入海军航海图书出版社。"

航海图书出版社，与我的专业应该对口，并且还在海军的序列里。这身军装还能继续穿，天津离家又近，运气确实很好。

然而我在航海图书出版社并没有工作太长时间，依然被四处借调。

先是被借调到天津市的海军测绘研究所，在科技处帮助工作了半年，主要做测绘工作。然后又被派到北京石油工业部展览工作室。石油工业部在西单有个科普橱窗，主要展示油船等科普模型。我的任务是搞"发明创造"，要想办法让船的模型在小小的橱窗里航行起来。这个工作很有挑战性，也很有意思。为了研究机关怎么设计更合理，我还专门去青岛海军部队的快艇上考察，充分了解船的构造，回来后开始研究让吸铁石带动模型发动机的机关。经过了反复的失败和数次的试验改进，我真的成功让一艘油船模型和一艘测绘船模型在这个橱窗里一前一后循环往复地"扬帆远航"起来。

终于回到了航海图书出版社，屁股还没坐热呢，海军管理局营房处又来借调我，要我把所有海军大院的营房都画出来，先画平面，再画立体。我又背着包来到北京。这次借调的时间长，整整一年。我先带着测绘院的同志们一栋楼一栋楼地测量，然后每天都窝在一个地下室里将营房按比例缩小后精确地画到图纸上。整个过程十分乏味，精神又需要高度集中，每天都很疲累。等任务终于完成时，管理局的领导说干脆把我调到营房管理处得了。我连忙摆手，说实在对这块业务不熟悉，其实是害怕调过来后天天和营房打交道，可受不了。

还没等我回到天津，这时候海军杂志社由于缺一个美术编辑，就去海军报社了解情况。报社的同志们一下子就想到我，因为我也没少在他们那帮忙工作，对我的业务能力和人品都太熟悉了。

“杜旭东准合适，他正好就在北京呢。”

因为这句举荐，第二天我就站在了海军杂志社社长的办公室里。

副社长姓姜，原本就是我们作战部的参谋。他见到我乐了，认识啊，别的业务考核都不用了，只问了我一句：“你喜欢干这个吗？”

这句话真的问到我心坎里了，那么多调动机会都没要，全是因为不甚“喜欢”。于是这次我真心地回答：“喜欢，我可太喜欢干这个了！”

正社长姓哈。听到我的回答后，哈社长就拍了板：“既然感兴趣，业务又没问题，那就在这里吧！”

于是我的手上就有了一期杂志的稿子，四十多页，所有的排版设计都由我一个人来做，所有的插图也都由我一个人来画。做杂志我是零基础，但是在美学方面艺理都是相通的。原美术编辑教过我杂志美编的基本规矩、流程和注意事项之后，具体怎样排版会好看，就全看我的艺术审美水平了。对此我有绝对的自信，学习了两三天就能独立承担工作。老美术编辑很是欣慰，高高兴兴地升任副主任去了。

对于这份工作，我是真心喜欢，比给海图设计花边的创造性更强、创作空间更大。那时也没有电脑，一切都靠人工，我需要紧贴部队实际积极探索和思考版式设计理念，优化版面视觉统筹，亲自动手画一些题图或插图等。对标题处理，插图选配，刊头、题花、栏目艺术设计，线条和空白运用等也要进行系统性统筹。如配合《广东人民的抗英斗争》一文画的插图，必须形象地表现出三元里的5000名义勇之士，手执长矛大刀，肩扛锄头扁担，向英军的驻地四方炮台挺进；手画的《美海军扫雷直升机侧面图》则能让读者直接看到直升机的内部结构；设计的题图《保证飞行安全的几个关键因素》进一步突出了文章的中心内容，有效合理地利用了版面的空间，加强了文章的重点，让文章变得抢眼，便于阅读，激发读者的阅读欲望，以最佳的形式向部队官兵传播信息。

这是一个不断寻找设计灵感的过程，要经过沉思和焦灼痛苦的煎熬。当然在灵感迸发或者找到满意的创意时，成就感和满足感也相当令人享受。在此基础上，我还可以在规矩内放开胆子去尝试各种设计，甚至敢于突破规矩的框框去创新，让原本显得死板的版面变得图文并茂、活泼灵动。为什么铅字印刷就必须板板正正？我就让它“出血”，只要好看并符合印刷要求，就没什么是不行的。

因为是月刊，就我一个美术编辑，所以工作量很大。海军杂志社在海军大院里给我找了一间房。我几乎每天都加班到夜里十一二点，有时甚至通宵。排版、画插图，还要送印厂、盯印刷，辛苦得很，但我甘之如饴。刚印出来的杂志还带着余温，翻开是扑鼻的墨香。我一直渴望的成就感，在舞台上没有完全实现，却在此刻换了一种方式，让我获得满足。

1984年年底，海军杂志社认为我成熟又敬业，给我授予了个人三等功，然后正式开始与海军航海图书出版社交涉我的调动问题。是的，我立三等功时，还没正式调入杂志社。

海军航海图书出版社有些犹豫，因为我被分到出版社之后，光被四处借调了，他们还没来得及重用呢，我就要被正式调走，多少是有点舍不得。

我在《海军杂志》时设计的刊头、题花和插画。

在海军杂志社那些年，真是忙啊，尤其是后期，我当美编，演戏，去中央美术学院学习，要创作油画作品……需要不停转换身份，但忙碌得特别充实和快乐。

无奈海军杂志社是上级单位，上面要人，出版社还是放了绿灯。

自此，我在海军杂志社当了8年的美术编辑，在美术这条路上也终于找到了职业归属感，一心只想在绘画上有所成就。偶尔看到海政文工团的演出，似乎也没那么羡慕和向往了。

但和学翻跟头一样，想要在绘画上有成就，光靠悟性自学是不行的，必须要经过专业的训练。在部队的推荐之下,1990年4月我考上了中央美术学院油画系大专班，学制两年。

这两年学习都是在职，一周三天课，白天上课，晚上练习，还得加班，不能耽误海军杂志的出版工作。孩子幼小，同时还正赶上我初涉影视剧拍摄工作，工作、家庭、学习、新的领域，四头都要兼顾，着实忙碌，但在央美的学习还是让我获益终身。

以前自学的经验都要忘掉，当自己是一张白纸，从铅笔的静物素描开始学。等掌握了黑白灰和光的关系之后，开始学水粉素描和油画素描，学习调色的技巧和画面的掌握。为什么要忘掉以往多年的绘画经验和技巧？因为自学阶段有很多误区，就好像一棵大树成长过程中因疏于修剪而横生枝节，现在要把长歪的枝丫都砍掉，让这棵树回到健康成长的状态中来。其中最大的进步，就是我的绘画从照猫画虎力求“画得像”的阶段，上升到主动的艺术创作阶段。通过各种基础技法的学习，进入了创作的“自由王国”。

我的油画作品《惠安渔女》就是这样创作出来的。那只是我一次偶然去乡间采风，在田地里看见一个很可爱的小女孩正在弯腰锄地，我的眼前一亮，用照相机拍了下来。回到家中之后，我将小女孩的形象保留，把锄头换成了渔网，把田地换成了海滩。北方农田里的小姑娘就变成惠安海边的小渔女，动作都一样，还原真实。《惠安渔女》的创作过程让我充分体会了什么叫“艺术来源于生活却高于生活”，也获得了斐然成绩。它成功入选全国美术作品展并获奖，在中国美术馆展出。

专业的学习也让我的美编工作有了新气象。原来很多能想到却实现不了的插画、配图现在都能画出来了。不仅如此，为了适应杂志社的需要，我还学会了版画的创作。

版画，是视觉艺术的一个重要门类。就是以刀或化学药品等在木、石、麻胶、铜、锌等版面上雕刻或蚀刻后印刷出来图画。我学的是套色木刻，先是刻三合板，后来又刻石膏板。要尽可能利用对象的本色，显出木味和刀味，还要利用“留黑”的手法以及巧妙构图，以丰满密集和萧疏简淡等不同风格来衬托表现主题风格。

与油画不同，版画的创作中技法水平的影响因素很大，看似刻板，但是在掌握了技法之后，依然能够创作出很多神采飞扬的作品。版画这种艺术形式很适合杂志的插画和配图，我也很喜欢。我创作的《网》和《空间》这两幅作品先后都入选了全军美术作品展，在军事博物馆展出。

除了作品参加大展并获奖之外，我这8年里还为各大报纸、杂志、小说画了大量插图及封面设计，并合作出版了画册及报头图案专集。这些专集里的图样，至今还有相关从业者在借鉴和引用。

幼时，我的理想是当演员或者画家。旁人听了，大概只会当成童言无忌，夸一句理想伟大，并不会真的往心里去。然而在我的人生中，这两个愿望，命运真的都给了我机会去尝试、去努力。幸运的是，命运的馈赠我都没有辜负，尽力地超越、突破，完成一次次蜕变，最终在多少次山重水复之后，迎来自己的柳暗花明。

我的油画作品《惠安渔女》。

我的版画作品《网》。

我的版画作品《空间》。

我的油画作品《小街》。

81041

若那天上午我没有心血来潮地翻个跟头，那就是一个普通的上午。

若不是正好周主任路过随意地一瞥，那就是一个普通的跟头，无人喝彩。

若没有周主任的信任和坚持，我此刻应该还在手握画笔描绘着祖国的大海沧澜，那方舞台来了又去，终半途而废不得成。

第三章

北斗引航

偶遇

北京的海军大院里有不少单位，海军杂志社也在其中。它挨着马路，单独的一座平房，有一个独立的小操场。1989年年初，这天我正常上班。上午10点是做操时间，阳光正好，空气清冷，我在小操场上活动活动筋骨，顺势翻了个跟头。

这是我的日常活动，杂志社的同志们都习以为常。但是这天不同，一个其他单位的陌生人骑着自行车打我们门口过，正好看到我翻跟头，就把车支在一边，进了我们的院门，直接奔我来了。

“朋友你好！你以前学过戏曲吗？”

我一看来人，高高壮壮，很是英武，但不认识。

“对，您看出来了？我以前是学过戏曲，在剧团和演出队做过演员。”

“哦！原来是演员啊，那现在怎么……”他看了看我们的办公环境，似乎有点不解。

“我现在是海军杂志社的美术编辑。”

“是吗，那你还想干演员这行吗？”

我摇摇头：“不想了，当美术编辑挺好，我就踏实画画，不当演员了。”

他听了后似乎有点遗憾："自我介绍一下，我叫周振天，天津人，原来是海政创作室的编剧，现在是海政文工团电视艺术中心主任和海政话剧团团长。"

"哦！我叫杜旭东，河北任丘人，您好！"

我们再次握了握手，他的语气里还是抱着希望："我刚写了一部电影剧本，叫《老少爷们上法场》，讲的就是天津火烧望海楼的故事，里头有很多角色，很有意思。你有没有兴趣来拍拍电影？"

我一愣，这可万万没想到。

"啊？我没拍过电影啊，光喜欢看电影了，不会啊。"

"这个你不用担心，你有表演基础，到那看看就会了。你要想来玩玩呢，过两天电影的导演就会来，我带你去见见，试试其中一个角色。我觉得你很有特点，很适合。"

很有特点？我一时也不明白很有特点是什么意思，不过去玩玩嘛，倒是可以。

"哦，我就在这里上班，您白天随时来找我。"

"你家住在哪儿？万一导演晚上见你，我好上家去找你。"

我点点头，留了个地址。他就骑车走了。回到杂志社，我觉得这个偶遇挺有意思，不过也没有太当回事儿。

虽然没拍过电影，但是我对摄像机不陌生，不久前刚参与拍过一个海军的内部教育片。为了配合整顿军容军纪，海军军事录像室要拍一个纪录片。里头有一段是一个海军战士穿着军装跟老百姓一起挤公交，还歪戴帽子叼着烟，就是个反面典型，是要被教育的对象。真实的场景没办法及时捕捉，只能找人去演，负责找演员的正好就是以前在侯马时我的战友。他去文工团找了一圈，这么败坏自己形象的角色，谁也不愿意演。他愁得没办法，就想起我来了。我也不愿意演啊，可他还是认准了我了，最后通过军事录像室的领导去找我们杂志社的领导。社长同意要我去帮忙，这下没办法了，我只能勉为其难答应下来。

为了突出纪实感，拍摄时摄影师都拿着机器隐蔽起来，我叼着烟拿着行李从北京站出来，玩命地挤公交车。车上群众不知道这是在拍纪录片，纷纷埋怨："还是当兵的呢，什么样子！""就是，挤得比谁都凶，这当的什么兵！"所有反应都是真实的，我被说得一肚子委屈，表面上还得装得毫不在乎蛮横无理，别提多难受了。拍完之后，这部教育片在全海军轮着播放，我这形象算是坏得出名了。

这次是真的拍宽银幕彩色电影,应该和拍纪录片不一样吧？我挺好奇的。

没过几天，周主任真的领着金韬导演找到了我的这间小宿舍。

一进门，导演先是看了我一眼，然后就开始自我介绍："我是金韬，长春电影制片厂艺术中心副主任兼导演组导演，听说你原来学过戏曲啊？"我点点头，简单说了说自己的经历。他似乎对我挺感兴趣："我原来也是当兵的，后来复员到大连，分到公安局当警察,1977年高考，考北京电影学院，跟张艺谋同班，毕业后分到长春电影制片厂。下一步要拍《老少爷们上法场》,你想来玩玩是吧？"我又说了遍同周主任的偶遇:"我没拍过电影，但可以尝试一下。"

导演表示没问题："3月15日电影就在河北石家庄正定县开机，先拍外景，内景还要返回长春电影制片厂拍摄，电影拍摄的总跨度四五个月吧。"

"要这么久？"

"这还算快的呢，以前拍一部电影最少半年。"

"可是我还有杂志社的本职工作，离开这么久不好办。"

我着实没想到拍电影要这么长的时间，一时也不知道该怎么办。

导演和周主任互相看了眼："那这样吧，你可以阶段性地去，没有你的戏时你就回北京工作，但是外景这半个月左右你必须在。"

这样大概可行，但是这请假嘛……我看着周主任呵呵笑："周主任，还得麻烦您以公对公的形式帮我去和社领导请假。"

周主任了然地笑了笑，点头同意。

2022年2月，周主任为我在他的创作艺术论集《梦见》上签名留念。这张照片也是30多年来周主任和我一起工作的状态：踏实、信任、愉快。

银幕初章

同治九年五月，土棍若干，相聚攻教堂，共死教士十数人，震惊世界。法国将兴问罪之师，清廷乃惧，钦差来津查办。劫灰虽在，凶手无名。乃时总兵张某，接洽无赖，做顶凶之好汉，每名顶凶银二百两。刑期，说笑自若，从容就死。

这是记录在戴愚庵《沽水旧闻·烧河楼》中的一个真实故事——天津教案，即著名的“火烧望海楼”事件。周振天主任借这个不足百字的故事躯壳，填补进血肉，用深沉犀利的笔触，为这段历史加了一层黑色幽默的滤镜，荒诞，又荡气回肠，便是电影《老少爷们上法场》。

同治九年（1870），天津发生了外国人被杀、教堂被焚的案件。外国人兴师问罪，朝廷恐惧，派钦差去天津查办。经再三周旋后，钦差与外国人商定，10月19日那天必须处死16名人犯，但凶手没有着落，本已抓捕的主犯大胡子，还在狱中被人救走了。钦差便指点天津道台和守备，让他们去收买几个情愿顶罪受死的人，但切不可让其行刑时当着外国人面前大声喊冤，以免滋生事端。于是道台命守备去收买情愿顶罪之人，每收买一人给价纹银400两。守备又将这差事以每人200两纹银交给了外甥金螃蟹。金螃蟹寻找了几天，替死鬼可太难找了，便将此事以每人100两纹银的价格交给了天津卫有名的混混二狠子。

二狠子通过对市井的了解，先后说服了卖命葬父的邋遢张，想要改变自己下九流身份的强举人，一心要得道成仙的八爷，最后连二狠子和金螃蟹自己也算在了死囚内，终于凑足了16个人。身处死牢，大家也想通了，反正迟早是个死，能换得外国人不残害其他百姓，也算英雄好汉，于是众爷们儿要求上法场时穿扮成戏里的英雄好汉，不上囚车，不插招子。

10月19日到了，16名人犯身着戏装，谈笑自若，面无惧色，在清兵的押解下缓缓走向法场。

我要演的，就是这老少爷们儿之一的陈老虎。杂志社领导，得知我要去拍电影，不仅没有反对阻拦，反而很支持。我与主任交接了工作，就往石家庄而去。

剧组住在石家庄军事机械学院的招待所，一屋四人。我到得晚，一进屋，屋里的几位前辈我瞅着都有点眼熟，大概在电影里都见过。他们看了看我穿的军装："你好，我们是长影的演员，你是海政文工团的演员吧？"我摇摇头："不，我现在不是演员，从没演过电影。"我话音刚落，他们就"哟"一声，对我好奇极了。我又简单跟他们说了说我的经历。长影的老演员们人都很好，对我并没有丝毫轻视，反而很热情地帮助我。刘廷尧，就是在剧中饰演花钱送自己进死牢的八爷的演员，拍了拍我的肩膀，说："别担心小伙子，拍一次就会了，我跟你讲讲电影应该怎么演！"

这一晚上，他跟我说了演话剧和拍电影的区别，告诉我中景拍摄要注意什么，近景拍摄又要注意什么。我那时连景别都不知道呢，听得云里雾里，刘廷尧就换了一种讲解方法："演话剧观众们坐在台下看的就相当于全景镜头，你在台上肢体动作幅度大一点或者笑得夸张点都没事，但是到拍中景和近景，甚至特写镜头时就得注意，表演一定不能夸张，幅度一定不能大，

30多年前，我在《老少爷们上法场》中的定妆照。

《老少爷们上法场》剧照。

甚至脑袋都不能晃。不然你想想，那么大的银幕上就你一个人，或者就你一张脸，所有都被放大了，一晃不就出画了吗！”

这么一说，我就懂了。第二天坐上大客车一起赶往正定的拍摄现场，我的戏还没到，刚好先旁观自学了两天，大概就弄明白拍电影是咋回事了。

首先，表演要生活化。演员们说台词就跟正常生活里一样，但是根据剧情台词的逻辑重音和节奏会有特别的强调，肢体动作也都很生活化，并且都在划定的标尺之内。

其次，摄影机前的表演不总是连贯的，在一个景别下要连续演两个完全不挨着的镜头那都是正常状况，这对演员入戏和适应的能力来说是个考验。长影的老演员们让我非常佩服，经常是上一秒还跟我说着笑话聊着天呢，导演一说要开机，下一秒就能立刻进入角色，变成剧中人。我觉得他们太厉害了。拍摄之余我也经常找没人的地方悄悄练习，为了更好更快地入戏，就自然自觉地为饰演的角色设计起语言和动作来。

再次，我真切地体会到了为什么电影是导演的艺术。电影以镜头语言和画面为主，演员就是导演手中的工具，怎么演，台词怎样说，都以导演的要求为准。也许一句台词前半句中景后半句全景，跳跃着演，演员自己想发挥是不行的。一个镜头可能反复拍好几次，一条演不好还能重来，这比演话剧容易啊，我就不紧张了。只用心在一旁看着，这条导演为什么说好，那条导演为什么要重来，反复看两天，对导演的要求也就了然于胸了。

第三天，轮到我的戏了。对于表演我向来不紧张。不论是话剧表演还是影视表演都是相通的，又经过了两天的观看和学习，加上这个人物本来戏也不多，所以当我化上妆站到镜头前时，直接呈现了松弛的表演状态。只不过有时候我觉得自己的表演尺度是正确的，但是导演在现场看着会觉得“过”或者“不够”，导演就会给我说戏，启发一下，我根据要求稍微调整一下，再拍就对了。

拍完一场戏后，后面的戏就没啥问题了，一场一场拍下去，挺新鲜，有意思。就是觉得每个镜头都要量标尺实在太麻烦，两米二还是两米五，焦距是多少，导演限定我只能走到哪，几步就得停，不能超出，超出就虚了。这也是演员的难处，一边形体受控，一边还要演到位。

在现场拍戏，回到宿舍后大家又一起聊戏，什么叫抢戏，哪个叫穿帮，通过这十几天的时间，我跟在前辈们后头把拍电影的规矩和技巧都弄明白了，获益匪浅。外景顺利结束后，他们回长春，我赶回了北京，每天加班赶杂志社的工作进度，因为很快我也得赶去长春电影制片厂拍摄剩下的戏份。

这是我第一次来长春，3月的天气，北京春寒料峭，长春还像是在冬天。长春电影制片厂里有一条搭起来的“明清街”，我们就在这里拍摄。我的戏少，但多是群戏，每场都必须跟着。作为美术工作者，在闲暇时就会观察起美工的工作，由衷感慨，一部电影的美工工作量真是太庞大了。除了这堪比旅游景点的“明清街”之外，有些内景也都靠着美工的工作把环境描摹得惟妙惟肖。比如，“榨油坊”这场戏，主犯大胡子被救出，躲入榨油坊内，官兵追进来时，只能在烟雾缭绕中隐约看到些赤膊的榨油工，都是油亮黝黑的身子，除了高矮胖瘦外，根本分不清谁是谁。这里榨油的机器都是假的，全是美工做出来，搭配上用烟雾营造出的热气蒸腾，场景就变得相当写实了。这场戏不好拍，要配合的环节太多，涉及的工种也很多，一场戏拍了一整天，也让我见识了电影艺术的综合性以及各部门协调合作的重要性。

电影拍完了，我在电影中是什么样的自己却不知道，只能从拍摄的过程中进行猜测。直到成片在电影家学会审核时，我才第一次坐在观众席上看到大银幕中的自己。

灯光熄灭，银幕亮起，一片昏黄的色调中，残阳如血，16个好汉排成一排跪在木墩前等待行刑，豪迈悲壮。镜头转到陈老虎时，我几乎有点认不出自己。随着劫狱、街头躲避、榨油坊这一场场戏的行进，现场拍摄时

1989年5月，长春电影制片厂拍摄的《老少爷们上法场》的剧照，摄制组在长春机场拍摄外景。

《老少爷们上法场》剧照。

拍摄间隙，我和同行过招。

的场景就如一幅幅零散的线稿，被逐渐涂上颜色，渲染上效果，按序接合，最终成为一幅长卷。不断在心里将拍摄时与成片里的自己对应比较，经过了导演的创作，“我演”变成了“我是”，这种感觉既抽离又沉浸，很奇妙。怪不得把电影的拍摄和剪辑叫作“蒙太奇”，这光影的艺术真是有着无尽可能，魅力无穷。

紧盯着自己的每一场戏和每一个镜头，表情、眼神、动作，都不放过，就跟考完试等判卷一样。直到电影结束，灯光再次亮起，我才松了口气。自我感觉，虽然我是第一次拍电影，但适应得很好，表演没问题，没辜负周主任和金韬导演的信任，还颇有点满足和骄傲。

最终我的表演荣获了第12届“小百花奖”。我的银幕初章，由偶遇开始，由圆满落幕。周振天主任重重拍了拍我的肩膀，笑得意味深长。而我，还是抱着“玩一玩”的心态，对即将开始的新旅途尚不自知。

多年后，我和《老少爷们上法场》的金韬导演相遇留影。

远岛之光

拍完电影《老少爷们上法场》之后，影视界的邀约纷至沓来。从1989年到1992年，我陆续参与拍摄了电影《一代枪王》《烈火金刚》《英雄无泪》和电视剧《三号女监房》《最后的离别》《危机》《花岗幸存者》《石门情报站》《北洋水师》，其中有好几部都是周振天主任的大作。我不停奔波在片场和杂志社之间，拍完一部分戏，就得回来熬夜赶杂志编辑的进度，还要去中央美术学院上课。原本只是打算"玩一玩"，没想到玩得挺好，没完没了。

我喜欢影视表演，能开拓新的领域自然高兴，但毕竟一个人的精力是有限的。这样兼顾几头，不仅疲于奔命，还可能哪头都干不好。是继续当美术编辑，还是做一个专业的演员？在坚持了几年之后，我知道必须要做出一个选择了。

1992年年初，周振天主任又递给我一个剧本，是他参与创作的六场话剧《远岛之光》，由中国人民解放军海军政治部话剧团演出，要在5月参加第六届全军文艺汇演，让我演剧中一个重要的角色"二道贩子王贵发"。能在大型话剧中演一个重要的角色，这是我从小就梦寐以求的事情。但是演话剧和拍电影不一样，一部话剧的排练时间和演出时间很长。这部剧未来还要全国巡演，周期最少半年，这可不能“有戏在剧组，没戏在杂志社”了，每次排练和演出我必须都在。

“要请这么久的假，我自己可办不到。”

周振天主任点点头：“我早就想到了，这次请海政和海司之间协调，解决你的时间问题。但长期这么着不是个事儿，考不考虑正式调来海政话剧团？”

正式调动？“我是挺喜欢影视表演，但我不是专业院校毕业的，这个饭碗不知道能不能端得起来？”

周主任哈哈一笑：“你可不要妄自菲薄！”

周主任对我笃定，让我也放下了心，那就调动吧。不过调动的程序很烦琐，《远岛之光》的排练迫在眉睫，所以我还是先以借调的名义赶往丰台教导大队，立刻投入封闭式排练。

话剧《远岛之光》讲述的是海军修建西沙机场的故事，我演的这个二道贩子别看是小人物，戏份却足够重，是全剧中唯一的调色板式人物。第一次在大戏里担当如此重要的角色，我很是下了一番功夫去做案头工作。

把台词背得滚瓜烂熟自然不在话下，还要仔细分析这个人物。王贵发是个民工和二道贩子，油头滑脑，精于算计，以自己的利益为重，可他不能算是一个坏人。修机场跑道需要沙子，却不能就地取材用海边的沙子，沙粒中含盐，会让跑道开裂，所以都得从陆地上运沙子到西沙的海岛上。王贵发并不懂这里面的技术要求和原理知识，只是觉得“哪里的沙子不是沙子”，抄近道在海边拉沙子来，自己不是能多赚点吗。就是这样的利己思维才让他犯下大错。

基于这样的人物定位，我开始设计人物的状态及形体动作。站在镜子前，斜背个小包，把汗衫撩到胸口之上，点钱时眼珠子得溜溜转，精光四射，有贼光却不能有“恶”的眼神，点完钱还要拿出一部分来放鞋里，这都是符合人物的动作设计。

1990年11月，拍摄电影《烈火金刚》的剧照。

1991年4月，拍摄电视剧《花冈幸存者》的剧照。

1990年5月，拍摄电视剧《危机》的剧照。

1990年3月，拍摄电视剧《最后的离别》的剧照。

1991年9月，拍摄电视剧《石门情报站》的剧照。

1991年6月在青岛拍摄电影《英雄无泪》，这部剧聚集了众多大名鼎鼎的老艺术家。

1989年11月，拍摄电视剧《三号女监房》时的剧照。

1991年6月，去青岛拍摄电影《英雄无泪》的火车上。

看着镜子，自己活脱脱就是一个二道贩子，信心倍增的同时，也忽然就明白了周振天主任第一次见我时说的那句“有特点”是什么意思，大概就是长得有些“歪瓜裂枣”吧。我想演“李玉和”大概是不够材料，但以我的个头儿、气质、形象和戏曲功底带来的灵动性，很适合演小人物和反面人物，确实挺有“特点”。

原本以为，去海政话剧团会跟我在演出队时一样，可以轻松愉悦地顺利开启专业演员之路，这对我来说，既是回归，又是一个新的起点。但没想到，等待我的，是冷淡和疏离，甚至有些科班出身的演员直接对我说：“既然是美术编辑，那来凑什么热闹。我们可都是专业院校毕业的，你以为谁都能当演员呢？”

我14岁就上台摸爬滚打了，影视剧也拍了好几部，怎么就不能当演员了呢？火往上撞，但是想到周主任，还是勉强带着笑：“是，我没上过专业院校，但是可以台上见，演得合不合格大家评判一下。合格就留下，不合格我就回去接着画画，也算没辜负周主任调我一回。”

其实彼此心里都明白，我既然站在这里，就不会轻易走。导演摆摆手，我便站到了演员的队伍中。

接下来的排练，可想而知我铆了多大的劲。台词烂熟，反应到位，表演松弛，刻画细腻，之前下的那些功夫都没白费，我越来越熟悉这个人物，越来越接近王贵发，自我感觉演得很好。

但终究只是自我感觉，我努力证明自己的表演水平，努力证明周主任选人决策的正确性，但有些人并不在意，或者说，我演成什么样，总会有些人选择视而不见。

所以，排练的每一天都不好受。排练时没有融入感，对手间多是搭个戏完成任务，还经常叫我往边上靠靠，别往台中间挤。排练后也没有归属感，我吃饭一个人，回宿舍一个人，琢磨戏还是一个人，直到几天以后，出了一个例外。

在剧中饰演王贵发妹妹的演员与我的对手戏最多，在连日的排练里，她真心觉得我演得不错，所以陪着我吃饭、聊戏。听见有人背后对我的议论，还会气冲冲地来告诉我，为我打抱不平。

越刺激，就越奋进。我对人物的研究和把握更细致入微了，每天回到宿舍都得总结一下今天排练中的得失，好的地方固定住，不足的地方要想出一个解决方案，在镜子前面反复试改，明天排练时用上。就这样，熬过了排练阶段，马上就要正式演出了。

正当我摩拳擦掌盼望演出的时候，团里回来了个老演员。万万没想到，导演让他演我的角色，我被换下，去演群众，理由是会演任务重要，要让专业演员上。我从A组变B组，就是替补。

我就像挨了一记闷棍，愣在那里有点蒙。辛辛苦苦排练这么久，怎么就替补了呢？我怎么就不算专业演员了？

站到后排群众的位置里，排练开始，我的脑子还都是木的，不自觉地往前走了两步，就听到一声喊："杜旭东，你怎么还往前？现在你是大群众，还想往台中间去？"

我醒了，怒火中烧，死死盯着台中间的位置，耳畔是咚咚的心跳声。凭什么受这样的委屈？士可杀不可辱，我不调动工作了！

坚持完这场排练，我回到宿舍。都说男儿有泪不轻弹，只因未到伤心处。关上门后，我捂着嘴哭，从小到大，还是第一次这样感到愤怒和委屈，眼泪像失去了控制一样，停也停不住，拿起行李包就开始收拾衣服，打定主意明天跟周主任说一声，不干了。

没等我找周主任，周主任把我叫去了家里。看到他，又是一阵委屈，眼圈又红起来。

"周主任，不是我不尽力，是你们这太复杂了。我适应不了这么复杂的环境，您别忙活我的调动问题了，我还是回去当我的美术编辑。"

"那么这个角色，你能胜任吗？"

1992年3月，六幕话剧《远岛之光》剧照。

“当然能！谁能有我把握得好？”

“好！我也相信你演得好。你既然有自信，那不妨多忍耐几天看看，老同志的面子还是要给的，演几场，咱们台上见分晓。你又何必因为别人的言语而放弃这么适合你的职业道路呢？”

周主任的话让我冷静下来。对呀，我早就确信自己适合当演员，能当好演员，我还想有朝一日就站在舞台正中间撒着欢儿地演呢！哪条路会少得了艰难和挫折？难道以后每次遇到这种情况就放弃？不，这不是军人的作风，不是我的作风！

可以失败，但绝不能当逃兵！

我又回到了排练场，在大家意外的眼神注视下，站回了群演队伍中。

在参加全军文艺会演之前，我们在海军正式演出了几场，我都是演群众。替换我的那位老演员因为没有经过前期的排练，仓促上阵，几场下来，人物就显得有些平淡。对比之下，这个角色谁更适合出演，所有人心里都明镜儿一样。这时团里开大会，领导明确指出，《远岛之光》是要参加全军文艺会演的，台下是有评委打分的，任务重大，马虎不得，所以在接下来的会演中，王贵发这个角色还是由杜旭东扮演。

一切都让周主任说准了，我也终于长出了一口气。这么快就把我换回来，是我的意料之外，却是情理之中。作为演员，有专业的学术背景固然重要，但最关键的还是表演的能力和悟性。当大家一起走上舞台，名气、学历、年龄、身高、脸蛋儿，这些平日里锦上添花的加持都会归零，呈现给观众的只有自己演绎的这个人物。演得不好，观众就不会买账。京剧大师谭富英唱“叫小番”也吃过倒好，管你是谁呢。

很快全军文艺汇演开始。在后台，很多演员都挺紧张，我却泰然自若，斜背着小包，一上场就是这个人物，台下就有掌声迎上来，在台上如鱼得水。观众对这个角色很认可，团里就有演员小声嘀咕“他怎么不紧张呢？”“他不是专业的，怎么这么成熟呢？”对此，我都不做解释。

他们哪里知道，我从小上台就只有兴奋不会紧张。他们又哪里知道，为了这个角色我下了多大的功夫。

在全军文艺会演中，话剧《远岛之光》取得了全军话剧调演一等奖的好成绩。周振天主任很高兴，很多次在戏剧研讨会上，都会特别介绍和评价我的表演，对我相当满意。

而我，则更加感谢周振天主任。若那天上午我没有心血来潮地翻个跟头，那就是一个普通的上午。若不是正好周主任路过随意地一瞥，那就是一个普通的跟头，无人喝彩。若没有周主任的信任和坚持，我此刻应该还在手握画笔描绘着祖国的大海沧澜，那方舞台来了又去，终半途而废不得成。周主任不仅是我的伯乐，对我有知遇之恩，还用他的生花妙笔，为我量身打造了诸多经典的影视形象。如果说我在影视表演和军旅生涯中获得了些许成就，那这背后都离不开周主任的提携扶持。

我也曾问过周主任："您怎么就想到找我去演影视剧呢？"他哈哈一笑："看你那个跟头，就知道你有门儿，在表演上有能力有追求。"一切都是偶然，却又暗合着必然，皆因命运安排，和彼此的惺惺相惜。

1993年，我正式调入海政电视艺术中心。《远岛之光》，亦是我这艘小船在艺海中的远岛之光。

是绿叶就烘托，是红花则怒放，
用人物去让作品更精彩，用表演来收获属于自己的掌声，
小时候心心念念地站在舞台中央的光芒万丈，
现在已化为内敛温润，自在圆满。

第四章 乘风破浪

坏蛋一箩筐

在一次慰问演出中，一位大娘看见穿着军装的我，不禁惊呼了一声：“哟！你还是个当兵的呢？”我刚要笑着点头，她又用极度嫌弃的语气接着说：“解放军里怎么能有你这种坏蛋！”

从踏入影视表演开始，这便是我时常遇到的尴尬情境。被人误会当然不好受，但又说明自己塑造的影视形象十分成功，也只能哭笑不得。谁让我饰演得深入人心的角色都是坏蛋呢。

大坏蛋

此“大”，不是说角色的身份高低，而是让观众一见就呼“大坏蛋”之大。

因为特殊的形象特点，我演了很多坏蛋，但外形只是很肤浅的条件，想让人看了恨得牙痒痒，还是要突出人物性格和心理，用表演去描画人物的精神内核，才能做到千人千面，“坏蛋一箩筐，蛋蛋不一样”。

《大宅门》

广大观众印象深刻的大坏蛋头一名，非《大宅门》中的韩荣发莫属。《大宅门》是郭宝昌导演自编自导的经典影视剧，2001年以17.74%的超高收视率，夺得当年央视年度收视冠军，至今播放率仍居高不下。

电视剧讲述了百年老字号“百草厅”药铺的兴衰史以及医药世家白府三代人的恩恩怨怨。清光绪六年（1880），医药世家白府与官宦世家詹府因詹府的大格格生下一对私生子女的纠纷而结下深仇。正值宫中死了一位女嫔妃，乃詹家的二格格，詹府王爷乘机将白府大爷白颖园牵连在内，打入死囚牢。白家虽用调包计将白颖园救出，也只能让他隐姓埋名远走他乡。百年老号“百草厅”药铺也被查封，全府陷入绝境。老太爷白萌堂悲愤交加，与世长辞，全府重担落在了二儿媳白文氏一人身上。白文氏于内外交困中运筹帷幄，费尽心机终将老号盘回，复兴白府。然而她的儿子白景琦的一生，才是“百草厅”最精彩的章回。

这是郭宝昌导演根据自己的经历改编成的宅门故事，从16岁开始动笔写《大宅门》的小说直到最终搬上荧屏，历经40年的坎坷，耗费了半生心血。2000年，他找到我，说有一个角色他选了二十几个人都不合适，认为这就是为我量身打造的，让我一定看看剧本。我与郭宝昌导演早在《回民支队马本斋》时就已经合作过，彼此都十分熟悉和认可。听他这样一说，我便从河北保定的片场赶回了北京。

等拿到剧本，读到了这个角色韩荣发，我其实有点失望。因为从剧本上看，韩荣发只有寥寥数语，戏不多啊。

郭宝昌笑了：“这个人物，我可是带着仇恨写的。别看台词少，你回去仔细看看全剧本，就知道我对你好了。”

我回到家，真的细细读剧本，才发现“戏不多”是我对这个角色的误会。前后剧情一连贯，才知晓韩荣发这个无赖是白府在短暂平静之后又生

《大宅门》剧照。

《大宅门》工作照。

《大宅门》拍完不久，我又在郭宝昌导演的《宅门逆子》中饰演小簸箕。当然，又是个坏蛋。

《宅门逆子》工作照。

SONY

的波澜，虽然出场集数不是特别多，但是矛盾相当集中，对于挑动全剧的节奏和戏剧冲突都起着至关重要的作用。电影是导演的艺术，电视剧则是通过演员讲故事，郭宝昌导演给韩荣发这个角色留下了相当大的创作空间，所以剧本中只有一句话，如“韩荣发追逐调戏小白玉婷”，至于怎么追逐怎么调戏，都是我的戏。

这样一看，韩荣发这个角色哪里是“戏不多”，明明是特点鲜明且过瘾的角色，再加上演对手戏的是斯琴高娃、陈宝国、毕彦君、刘佩琦等一众特别优秀的演员，在互相碰撞中，一定能让这个角色大放异彩，于是我答应了导演，即刻进组。

韩荣发这个人物，内在的心理和性格特点并不复杂。他就是纯粹的坏。这样纯粹的坏人其实并不多见，但是在《大宅门》里，显得十分真实。倚仗手中抓住了大爷白颖园的把柄，关系到白家满门的生死荣辱，所以强势精明的二奶奶也不敢得罪他，只能留他在府中，由他吃喝挥霍。越是对他睁一只眼闭一只眼地放纵，他的胆子就越大，做的恶事就越多，永远不知道满足，时刻以“你们白家欠我的”相要挟。所以我在塑造这个角色的时候，不用任何顾忌，怎么坏怎么演，充分利用外形的“优势”，加上语气上的蛮横无理和有恃无恐，眼神的奸邪算计，表情和行为的夸张，基本就能把握住角色特点了。

印象最深的是两场戏。一场是韩荣发调戏小白玉婷。

在这个剧情之前，关于韩荣发的作恶已经积累铺垫了好几场了，料想观众看到这里已经恨不得撕了这个无赖。结果调戏小白玉婷这场戏，韩荣发不仅禽兽不如，且逼得温良敦厚的二爷举起铲子与之拼命，最后还被韩荣发活活气死。至此，韩荣发坏到了极致，观众的愤怒也将到达顶点。所以，这场戏十分之关键。

开拍前，我问郭宝昌导演这场怎么演？郭宝昌瞅着我：“调戏小姑娘，还用我教你怎么演？”我摇摇头：“这个不用教，表演的程式都在心里呢，但是得有个尺度吧？”“放开了演，扣子扯开两颗就行，我不喊停你就一直演！”

有导演这句话，我就放心了。虽然演过的坏人不少，但是韩荣发应该是怎样的坏，还是要根据人物来设计表演。我琢磨了好几套方案，最后还是选择用“恬不知耻到极点”“不达目的决不罢休”的方案。

饰演小白玉婷的演员是现在已经非常有名的金马影后马思纯，那时她才12岁，母亲还得跟随进组照顾。正式开拍时，导演清了场，马思纯的母亲也不让过来，害怕她看了会忍不住过来保护女儿而干扰拍摄。

小姑娘一进这间屋子就感觉气氛不对劲，开始有点紧张。当我满脸淫笑地靠近她时，她就忍不住哭喊起来。等我使劲拉扯她上下其手地想要往她脸上凑时，她的哭号声都已经变了音儿了：“妈呀妈呀，来人呀！”丝毫演的成分都没有，小姑娘是真的被我吓得喊妈妈，都是本能的反应。

导演要的就是这个效果，一直也不喊停。黄春听到声音进来，惊呼着过来拉扯，可怎么也拉扯不开。我表演得真实，演对手戏的演员自然入戏快。饰演黄春的演员茹萍浑然忘了是在拍戏，见拉扯不开，拿起扫炕的笤帚疙瘩就劈头盖脸地使劲抽打我的脑袋。清装戏，我的半个脑袋是光的，这一顿抽，是真疼啊，眼睛都差点被戳到，但导演不喊停，我就还得继续使劲往小玉婷的脸上凑。直到白二爷拿着铲子喊了一句“姥姥！”与我扭打在一起，我才奋力地躲出来，还撇着嘴扬着头腆着肚子蹦着高地喊：“我就要娶玉婷！不然，我让你们一家子不得好死！”二爷追出来，被气得中风，扑倒在地。

这场戏结束，所有演员都累得不轻，呼呼直喘。小姑娘马思纯更是被吓惨了，看见我就哆嗦。我也觉得对不住人家，只好尽量和蔼地说：“对不起，叔叔不是坏人，刚才那是演戏，都是假的，吓到你了！”但我估计这安慰也没啥用，导演对这场戏非常满意，一遍就过，可我大概就此成了小玉婷的童年阴影。

2016年北京电视台“影视风云”栏目1《大宅门》首播15周年主创人员再聚首。

斯琴高娃

另一场戏就是白景琦回京奔丧，大宅门齐聚一堂为他接风洗尘。

这样的场合，气死二爷的韩荣发还敢大马金刀地坐在主桌，颐指气使地叫白景琦“七弟”，并且当众说起杨九红的事情，语气轻薄，想要白景琦难堪服软。

韩荣发：（颐指气使地）七弟，我听说……

白景琦：（挂着冷笑）谁是你七弟？（发狠地）我跟你说了，叫七爷！

韩荣发：（仍然笑着）好，七爷，七爷。我听说，您在济南弄了一个最走红的窑姐儿，收了房了？

白景琦：（提防地）怎么着？

韩荣发：（等着看笑话地笑笑）哼哼，没怎么着，您艳福不浅哪。怎么没带来让大家开开眼哪？

白景琦一身杀气地站起来。

白景琦：（咬牙地）你是想让我敬你一壶酒吧！

韩荣发也舔着胸脯站起来，混不在乎。

韩荣发：（混不吝地）来啊，咱们喝！

如此大胆，不过就是认定白家二奶奶不敢把他怎样。可白景琦不管这些，把韩荣发叫到外头，将他摁到尿桶里一顿教训。观众们忍了韩荣发好几集，到气死二爷时已经忍无可忍，终于等到白景琦教训韩荣发，大概都出了胸中一口恶气，痛快极了。但我这场戏拍得可辛苦。

有恃无恐和可恶至极，直至吃饭这场戏我对韩荣发的形象塑造早已轻车熟路，没什么困难。难的是后面，白景琦把韩荣发摁到尿桶里。拍摄时，是一个干净的桶，桶里都是茶水，开拍前陈宝国对我说了句：“可对不住您了！”等一开拍，白景琦对韩荣发恨得牙痒痒，此刻一入戏，把我的脑袋摁在桶里就不撒手，我呛了好几口水，才坚持拍完。可是导演最终把这个镜头剪掉了，原因是“演得太真实了，有点恶心”。

一部《大宅门》，韩荣发荣登最可气人物的榜首。甚至有观众说，看《大宅门》被韩荣发气得砸了电视。听到这样的反馈，我很高兴，这说明我把人物塑造得很到位很成功，没有辜负郭宝昌导演的信任。而我，在进入影视表演8年之后，也终于借助这部剧让全国观众都认识了自己。从此以后，走到哪，都有人叫我大坏蛋。我的演员生涯，就此跨上了一个新台阶。

2021年《大宅门》首播20年，剧组重聚合影。

《神医喜来乐》

2002年，我进入电视剧《神医喜来乐》剧组。这部剧的总编剧是周振天主任，其中有个反派人物药霸孟庆和，就是周主任根据我的外形和表演特点为我量身定制的角色。而这个孟庆和，也是我为观众所熟知的大坏蛋二号。

《神医喜来乐》讲述的是河北沧州一个神医的故事。清朝末年，直隶沧州的乡下郎中喜来乐常常以奇招怪法治病救人，本与世无争。京城靖王爷的格格得了重病被太医王天和宣布为绝症，靖王爷的亲信鲁正明将喜来乐拉到京城为格格治病。喜来乐用裸体熏浴法将格格救活，赢得靖王爷称赞，却引起王太医的嫉恨，于是千方百计谋害喜来乐。靖王爷和鲁正明用计将喜来乐留在京城，并把他设在沧州的“一笑堂”搬到京城。喜来乐先是屡屡以偏方怪招儿治好各类病人的疑难杂症，赢得神医的美誉，后又进皇宫以妙方给珍妃瞧好了杖伤，得到皇上的赏识。这更叫嫉贤妒能的王太医寝食难安，对他多次陷害，必杀之而后快，使喜来乐陷入国家和个人的多重矛盾中，最终落得丧妻发配的结局。

民国初年，被发配到黑龙江的喜来乐与赛西施一家人回到阔别十数年的京城。老年的王天和得了怪病，已经病入膏肓，伴随王天和数十年的卢忠恳求喜来乐救其一命。喜来乐出于仁义，怀着复杂的心情为王天和开了救命的药方子。但是，当王天和知道是喜来乐开的药时，他将药罐打翻在地，羞愧愤怒地死去。“一笑堂”和“食为天”重新开张，生意红红火火，历经磨难后，喜来乐和赛西施露出了发自内心的微笑。

从“喜来乐”“一笑堂”的名字，到喜来乐遇到的各种稀奇古怪的病以及千奇百怪的药方，再到他与家中河东狮胡氏和对面“食为天”的红颜知己赛西施的情感纠葛，无一不透露着《神医喜来乐》的喜剧风格。

周振天说：“这部电视剧从开始构思，就确定了要写一部有着喜剧风格，观众喜闻乐见的作品。我一向认为，艺术作品特别是电视连续剧，应当具有非常强的观赏趣味，不然观众凭什么一连十几天锁定你这部电视剧。但追求观赏性是不可以牺牲历史、社会思考和审美品位的。纷繁精彩的大千世界，中国几千年的文化历史，可供作家选材的东西无穷无尽。只要选材到位，立意到位，构思精妙，是完全可以思想性、艺术性和观赏趣味兼得的。15年前，我曾经以清末天津望海楼教案为背景，创作了电影文学剧本《老少爷们上法场》，那就是一次力图把对历史的思考，对民族性的探究，与展示天津地方文化现象和观赏趣味融合到一体的尝试。在创作《神医喜来乐》中，我仍然坚持这样的追求，借用中医、中药这个文化载体，不仅写民间中医瞧病的奇招怪法儿的机灵劲儿，也展现清末社会底层百姓在皇权、强势重压下，猥琐与倔强相混，蛮愚与狡黠交织，于苦难中寻欢乐的生存状态，进而引发观众对近代中国人文化属性及其民族性格的思考。”❶

在这样的创作思想下，作为反派的重要角色孟庆和，更是统一在喜剧与讽刺的风格中的。

孟庆和是沧州一个药霸无赖，欺行霸市，欺软怕硬，无恶不作。喜来乐的对立面是太医院首王天和，孟庆和是王天和反派阵营里的马前卒。王天和总是道貌岸然高高在上，孟庆和则是与喜来乐在市井中正面冲突的奸商。

既然是奸商，那就是趋利避害的，一切以自己的利益为先。把握住这一点，就能找准孟庆和的形象定位和行为动机了。

面对王太医，他可以一口一个国医圣手，点头哈腰地活像一条哈巴狗，因为巴结好王太医，能让他从中获得巨大的好处。而面对喜来乐的徒弟德福时，他就摆起大老板的谱，颐指气使地扇德福耳光。他处处针对喜来乐，可在得了毒疮后能不要脸皮地对喜来乐说尽好话，因为喜来乐能治他的病，

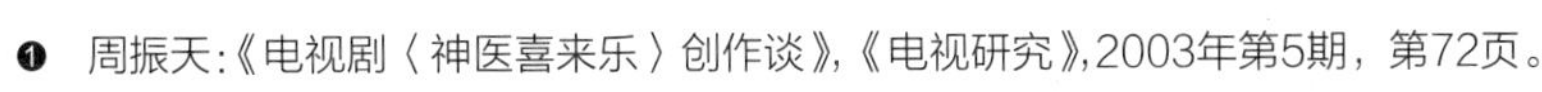

❶ 周振天:《电视剧〈神医喜来乐〉创作谈》,《电视研究》,2003年第5期，第72页。

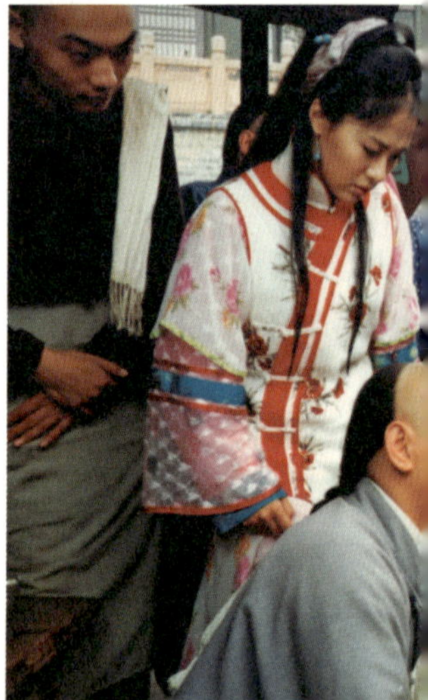

《神医喜来乐》剧照。

等病一好，立刻就能翻脸不认人。等到喜来乐进入京城成为靖王府的大红人，孟庆和居然闻着味儿、听着风儿地“不计前嫌”，屁颠屁颠地跑来找喜来乐想要合伙开药店赚大钱。

这样可笑的人物，观众们却并不会觉得陌生，因为形象太典型，在现实中或许就经常能遇到，有着很强的生活气息和真实感，与观众的心理距离十分近。周振天主任又在他身上下足了笔墨，极尽讽刺之能事，由此孟庆和不仅是推动剧情的关键人物，还是全剧的喜剧氛围营造者。

我的外貌形象，在塑造大坏蛋时有天然的优势，穿上马褂，戴上瓜皮帽，腮帮子上粘颗大痦子，痦子上再栽两根长长的毛，不用别的化妆，一副可恶的奸商嘴脸就惟妙惟肖了。在表演方式上，与《大宅门》里韩荣发“头顶生疮脚下流脓”式的纯坏不同，孟庆和要突出奸猾、狡黠、仗势欺人和阿谀奉承，可以适度夸张，凸显其喜剧色彩，让人看着恨，又会被逗得笑。

如手指头上生了毒疮来找喜来乐诊治的这场戏，第一次登门“一笑堂”时，遇到的是德福。

德福：嘿嘿，这不是孟大老板吗？怎么屈尊到我们这小地方来了？

孟庆和：（略心虚地）我，我来瞧瞧病。

德福：得，您是大老板，咱这小药铺，您赶紧外边请吧，省得咱一会儿又说出让您不痛快的话来。

孟庆和：小师傅，那天的事，你还记着呢？

德福：废话！抽了我俩大嘴巴我能忘了吗？你以为就这么算了？

孟庆和：（蛮横地）得！你不就是想要俩钱吗！一会儿啊，我就赏给你！去，把你们主堂的郎中给我叫出来！

德福：哼，你还挺大口气，你以为你是……嘿嘿，不是说我们骗钱吗？回过味儿来了，毒疮发了吧！

孟庆和:(居高临下地)我不跟你废话，找你师父去!

德福:我师父，忙着呢，没空!

孟庆和:唉，唉，小师傅，我这手疼得厉害，你们总得管管吧?

德福:你不是认识什么太医吗，找他治去啊!

孟庆和:那王太医是瞧大毛病的，就我这个手指头……

德福:手指头，那天我不是跟你说了吗，就这手指头，就会要了你的命!

孟庆和:(惊恐地)啊?那你就赶紧麻利点，给我瞧瞧吧!

德福:瞧瞧?好啊，先把那俩大嘴巴还给我。

孟庆和:(疑惑地)怎么还?

德福:怎么还?嘿，照原样啪啪，我再抽你俩大嘴巴!

孟庆和:(生气地)那哪行，我堂堂孟大老板的嘴巴，是你随随便便想抽就抽的吗?

孟庆和怒气冲冲，拂袖而去。

孟庆和:他妈的，我是虎落平阳被犬欺啊。我堂堂的孟大老板，不能因为一个手指头，就被这小兔崽子给我耍了。

跟班:老爷，万一这手指头要是治不好呢?

孟庆和:那怎么办?我还得去求他?

跟班:是呀，好汉不吃眼前亏啊!等把这手指头治好了，咱们治死他。

孟庆和稍一犹豫，点点头，下一个镜头就能满脸堆着笑弓着腰捧着手一路小跑地回到“一笑堂”。

孟庆和:(讨好地)小师傅，小师傅，你看，我自己抽我自己两个嘴巴，总算可以了吧?

德福:行啊，抽吧!

《神医喜来乐》剧照。

孟庆和假意轻轻地打了自己俩嘴巴。

德福：嗬嗬，您这是大姑娘抹粉，挠痒痒呢？你抽我是这么抽的吗？

孟庆和：（恼羞成怒地）哟呵，两个嘴巴还给你了，你还想怎么着？

德福：嘿，就冲你这横劲儿，一笑堂不伺候！

德福抱着孟庆和的腰，要把他推出去，孟庆和挣扎着。

孟庆和：（跳脚喊）哎，喜来乐，你给我出来！你号称救死扶伤，我这手指头疼的，你管不管？

这两组镜头里，我用反差极大的表演来刻画孟庆和这个人物的唯利特点。只要能让喜来乐治病，要干什么都行，什么原则，什么底线，孟庆和一概没有。而在这样的反差中，孟庆和的形象立刻生动了，观众们也忍俊不禁。喜来乐终于出来给孟庆和看诊，随着喜来乐讲述病情，孟庆和脸上的表情一直随之变化，从死不承认，到无可奈何，从担忧，到谄媚。当喜来乐要铡了孟庆和的指头时，我用了一声略带夸张的“啊”，配合张大嘴巴的惊恐表情和微微后仰下蹲的身段，就如戏台上的丑角儿一样。戏曲化的夸张表演，在别的作品里或许要避免，可用在这位孟庆和身上，是适合又出彩的。

通常我演一个反派人物，最后都会被“正法”或得到应有的惩罚，这是一个创作惯例，就如童话里结尾总是“王子与公主幸福地生活在一起”，戏台上的痴男怨女最终都会“大团圆”结局一样。但是在周振天的《神医喜来乐》里，孟庆和这样的坏蛋最后竟然毫发无伤，并且生意兴隆。很多观众表示不理解，不解气。而我认为，这样的结局正体现了周振天主任在刻画人物上的深刻思考和辛辣讽刺。

人是最复杂的，人是一个多面综合体，如剧中的喜来乐，一面是悬壶济世侠肝柔肠的神医，一面是怕老婆的妻管严，还是个面对赛西施左右为难拿不起放不下的怂货；如喜来乐的老婆，平常是一个母老虎，醋坛子，关键时刻却能为了丈夫牺牲自己的性命；如王天和的管家卢忠，一直都助纣为虐，但到最后一集为了王天和能去哀求喜来乐去给王太医治病，在全剧末尾还迸发了人性的光辉。同样地，现实生活中，也并不是所有坏人都能恶有恶报，所以在民间文学里才会出现不畏强权公正严明的包青天。善有善报，恶有恶报，通常都是老百姓朴素美好的愿望。

孟庆和，就是周振天主任精心设计的一个反面角色。他的人生得意，正是对容纳和滋养他这样的人的社会一个巨大讽刺。电视剧《神医喜来乐》获得了第23届中国电视剧飞天奖优秀长篇电视剧二等奖，第21届中国电视金鹰奖长篇电视剧优秀作品奖。在这样一部优秀的电视剧作品里，我虽然只是一片小小的绿叶，塑造的孟庆和的形象也给广大观众留下了深刻印象。至今在本片的网络播放页面里，飞驰而过的弹幕中，还有不少对孟庆和的“嬉笑怒骂”。当然，对我的表演都是点赞，怒骂都是属于孟庆和的。

《神医喜来乐》工作照。

《玉碎》

在电视剧《玉碎》里，我演臭咧咕。听名字就知道，这又是一个不招人待见的大坏蛋。

《玉碎》，是周振天根据自己的同名小说改编的电视剧，以天津老字号玉器行"恒雅斋"老板赵如圭一家人在"九一八"事变前后一年之间的命运遭遇和情感历程为切入点，讲述了在中华民族面临生死存亡的特殊历史时期，一批普通中国人的命运选择和生存状态。

赵如圭是一位精明而又不失信义、圆滑又颇具爱国情感的天津商人，由于善于经营，将父亲传下来的玉器古董店"恒雅斋"搞得红红火火。赵如圭有三个如花似玉的女儿。大女儿叠玉嫁给了青帮头子陆雄飞；二女儿怀玉是思想进步的爱国青年，对玉器绘画颇有心得，是赵如圭认定的接班人；三女儿洗玉少不更事，贪慕虚荣。

我演的臭咧咕是个软骨头的奴才，开始是陆雄飞的奴才，拜陆雄飞为干爹，做了青帮小头目。后来一步一步成了彻底的汉奸，又当了日本人的奴才。他在剧中虽是个小人物，但由于周振天主任对我的了解，给我留下了足够的创作空间，所以这样一个小配角儿，也能焕发出大光彩。

周主任在创作剧本之初，就告诉我剧中有这么一个人物，角色虽小，却是单独发展的一条线索，很有意思："到时候由你来演吧。"我演了不少坏蛋，为了避免人物雷同，自然是喜欢性格突出、描写完整的角色，所以听到周主任说臭咧咕是单独发展的一条线索，就欣然同意了。

但是剧本出来后，是否由我出演臭咧咕让制片人考虑了很久。制片人想找一个二三十岁的人，因为臭咧咕的干爹陆雄飞也才30出头的岁数，他们觉得我年龄大了些。最后导演坚持用我，觉得由我来演反而会更有戏剧性。因为陆雄飞夫妇比臭咧咕岁数小，可是臭咧咕一上来就叫"干爹干娘"，而且不管当着什么人，他的嘴都甜得要命。这样的设计，不仅有讽刺的喜感，还在一瞬间就把臭咧咕的奴才样儿和性格树立起来了。

外形是塑造这个人物最轻松的环节，梳个中分头，穿上油绸的小褂子就是青帮小头目，扣上个日本军的小帽子就是个汉奸模样。我在演坏蛋这方面早就游刃有余，加上老前辈们留下了很多可供借鉴的程式，所以我把创作的重点放在了臭咧咕的心理戏上。

臭咧咕这个人的形象发展经过了三个阶段：第一阶段，是陆雄飞的亲信和跟班儿，对陆雄飞极为谄媚，每句必叫干爹，管襁褓中的婴儿叫兄弟，卑躬屈膝，讨好奉承，对手下却颐指气使，对码头的劳力更是动辄皮鞭加身。这一阶段，他还只是个可恨的奴才样，对日本人是巴结讨好又害怕。第二阶段，是他私下串通汉奸张壁和日本特务小野走私军火，东窗事发之后，遭到了陆雄飞的毒打和惩罚，在码头干了一年苦力。这一阶段，他表面上知错认罚，实际上在等待时机翻身报仇，可在张壁面前，已经自恃有功地摆起谱来。第三阶段，他正式投靠了日本人，成了彻底的汉奸。这三个阶段是递进发展的，每一次转变，都靠臭咧咕的心理戏来交代动机，进而刻画人物。

如东窗事发遭遇毒打这场戏，就是导致他因仇恨陆雄飞而彻底倒向日本人的重要环节。当陆雄飞朝臭咧咕举起棍子的时候，我仰视着陆雄飞，眉毛抬起，双目圆睁，眼睛里都是恐惧，脸上肌肉微微抽搐，不住地喊着冤枉，用哭腔求饶，浑身颤抖，表现出了臭咧咕面对陆雄飞时的惊恐，以及为了保命而必须坚持撒谎的心虚和胆怯。

等陆雄飞被手下劝阻扔下棍子走时，我先是吓得一哆嗦。转过头来就是一个特写镜头，我的表情在转头的短短一瞬，就从刚才的极度恐惧，变成了咬牙切齿地仇恨。眼前的危机似乎过去，我的眼珠子咕噜一转，已经在思索接下来应该怎么办，等有朝一日真如日本人说的那样让我取代了陆雄飞时该怎么报仇雪恨。虽然一句台词都没有，但我用面部表情和神态将此刻臭咧咕的心理活动准确传达给了观众。

第二天，陆雄飞要按帮规处置臭咧咕，要剁他的手，又觉得不解恨，改主

意把他贬为臭苦力，想让他知道“哪头轻哪头沉”的同时杀鸡儆猴。原本以为自己的手保住了，我正跪地磕头感谢干爹开恩呢，紧接着听到自己成了苦力，表情充满了惊愕，愣在那。臭咧咕没想到会是这样的惩罚，心里一时接受不了。一包麻袋架在肩膀上，我皱眉龇牙，哪里受过这个累？等第二包麻袋又架上时，我的表情已经如坠冰窟了。平常都是我拿鞭子抽苦力，现在这样落差，全因陆雄飞太不仁义。攥着麻袋，我微低着头，脸上的表情从痛苦转为愤恨再转回痛苦。因为他必须痛苦给陆雄飞看，得伪装起来。

陆雄飞走后，原本是臭咧咕手下的小倔巴以为臭咧咕再不会有翻身之日，凑上来让臭咧咕也叫他干爹。受此之辱，臭咧咕只是借麻袋挡住了脸，低声叫了一声。小倔巴不满足，他又高声叫了一声干爹。在众人哄笑中，我的表情屈辱又凝重。韩信受胯下之辱是忍辱负重，而臭咧咕是因为日本人要他忍。观众们知道，这个坏蛋已经彻底沦为汉奸，欺辱他的小倔巴和惩罚他的陆雄飞都不会逃脱他的报复。

臭咧咕这个角色我演起来挺过瘾，虽然总在挨打，但人物丰满，心理戏层次丰富，身上的奴性和“有奶就是娘”的无节操很能影射人性，即便当代也不乏这样的人。观众对我塑造的臭咧咕很认可，评价很好。但我也有遗憾的地方，原本想要在表现臭咧咕的可恨之外，再表现一点他人性的一面，哪怕一点也好。这样，这个人物就更加立体和真实了，对人性的刻画也能更加深刻，可惜未能实现。

电视剧《玉碎》获得了第26届飞天奖长篇电视剧二等奖。周振天的剧作，始终充满着爱国主义精神和英雄主义底色。在他的作品中，家庭、个人的命运始终与民族兴衰和国家命运连接在一起，《玉碎》就是其中之代表。他是天津人，《玉碎》中的一干人物都是虚构的艺术创造，但都凝聚了周振天对天津卫老百姓为人处世的理念和原则的理解，也融入了他对天津卫社会风情的透视。周主任又极擅长刻画反面角色，擅于用“五彩斑斓的黑”来反衬正面角色人性的各个切面，有明也有暗。于是，我的“大坏蛋”名单中，就多了这位生动的臭咧咕。

《玉碎》剧照。

《我的故乡晋察冀》

《我的故乡晋察冀》是一部40集的长篇电视剧，由中央电视台、中共河北省委宣传部、中国电视艺术家协会、中国人民解放军政治部电视艺术中心、河北电视台、河北影视集团有限公司联合出品，马玉辉执导，周振天任总编剧。剧中主题曲是观众们耳熟能详的《父老乡亲》，正契合了电视剧的剧情以及歌颂八路军与老百姓军民鱼水情的主题。伴随着这深情优美的旋律，电视剧《我的故乡晋察冀》创下了很高的收视率。

这又是周振天主任的一部力作。全剧以著名的平型关大捷开始，以开国大典剧终。保定山货店伙计耿三七在走货途中遇险，被红军连长救下，就此误打误撞进了革命队伍。在平型关战役中，他是个炊事员，之后在战争中不断成长，终成为一个优秀的作战指挥员。周振天将很多抗日战争中真实的感人事迹化用到剧中人身上来，又围绕耿三七写了情感、人性等各方面的故事，让这个主人公的成长历程变得充满戏剧性，有慷慨悲壮的金戈铁马，也有革命乐观主义的幽默，以小博大，从一个普通战士的视点，站在时代思维的高度，通过对晋察冀军民在抗日战争和解放战争期间的真实再现，对我们党的群众路线、我军的生命线做出了新的诠释。

我在剧中，饰演大坏蛋侯景太。周主任在创作剧本的过程中，大概脑子里就以我作为这个人物的蓝图，在侯景太身上下了大大的笔墨，让他从第一集，一直坏到最后一集的最后三分钟，其身份更是经过了数次转变，给了我充分的施展空间。

剧集一开始，侯景太是国民党一个杂牌军的团参谋长，团长是他的堂兄弟侯景魁。他们都是六郎镇侯家的人，杂牌军的部队里大多也都是六郎镇的子弟。因为不是嫡系部队，所以这个团的日子很苦，缺少补给，也打不过日本军。侯景太就暗自打定主意要投降，趁着人心不稳，伙同了几个手下抓了耿三七当战利品去投了日本人，成了一个彻头彻尾的汉奸。

这之后，侯景魁带着人马坚持抗日。侯景太则一直跟在日本军官黑田的身旁，像一条狗一样，扫荡根据地，屠杀老百姓，追剿八路军，还一直在找机会劝降侯景魁。坏事做尽，哪都能看见他，在百姓们面前耀武扬威颐指气使，在日本人面前点头哈腰就没站直过。

谁也想不到，日本投降了，抗日战争胜利了，这个彻底的汉奸摇身一变又成了军统手下一名特务大校，他之前做的那些恶，变成了“在日军中卧底”，他反而成了抗日有功的人。直到最后，开国大典前夕，侯景太成为军统北平站站长，躲在西单的胡同里，密谋炮轰天安门，把女主角代云打死了，才终于被耿三七击毙。

怎样演汉奸，自有一套“程式”，从扮相到动作，都有一个模板，这个表演的框框，是早已被观众认可的，一旦超出，就容易让观众觉得“不像”，所以想要塑造出每个坏蛋每个汉奸的鲜明性，就必须要研究如何“戴着镣铐跳舞”。

比如，同样是汉奸，侯景太和《玉碎》中的臭咧咕就有不同。首先身份不同，臭咧咕开始就是小混混，而侯景太是六郎镇名门望族之后。其次，臭咧咕虽然也作恶多端，可恨可恶，但他的对立面，还是集中在赵如圭和陆雄飞一家子而已。而侯景太，被放在了更加广阔的历史背景下，不仅位置特殊有权有兵，还通文墨，有心机，为了自己的利益，心狠手辣，给晋察冀的军民带来了极大的危害。

所以在塑造侯景太这个人物时，不仅要表现他在日本人面前的奴性，还要表现出他对同胞的狠毒，以及面对侯景魁时的阴险狡诈和老谋深算。奴性是程式，需要沿用，而狠毒和心机，则是需要我用表演来刻画的地方。

当他被黑田命令回六郎镇找侯景魁，找机会离间侯景魁的部队，在所有人都知道他去北平投靠日本人当了汉奸的情况下，他能站在侯家大院的大堂上舌灿莲花，将自己的行为狡辩为替侯景魁留后路。

这场戏很长，词很多，按照剧情，我将他的情绪分为三个阶段。刚见

到侯景魁时，侯景太心中不是没有惧怕的。面对侯景魁的质问，我先用低头躲避视线的方式表现侯景太的心虚，但接着一大段巧言辩解的说辞，必须硬着头皮说得入情入理。

侯景太:（万分委屈地）景魁呀，你可把我冤枉死了！我到了北平，我，我可没有投靠日本人当汉奸哪！我是为了我们老侯家，留条后路啊！

侯景魁:（愤怒地）留后路？你为侯家留后路？你蒙三岁小孩儿呢你？

侯景太:（特别真诚地）景魁，你听我说，刘师长那是我的老上司，他让人给我捎个信儿，说日本人呢，在保定，委任他一个差事，管点事儿，让我助他一臂之力，我在想，你不是一直想回老家六郎镇吗？再说了，这全河北的国军基本上都跑光了，现在就你一个人，孤掌难鸣啊，我想让刘师长明着帮日本人，暗地里头帮咱们，来个内应！

这段词我越说越有底气，说得自己都信了，甚至一边观察侯景魁的表情，一边习惯性地坐到了太师椅上，坐下的一刻，就代表他心中一块石头落了地。

第三阶段，是他蛇随棍上，就势开始鼓动侯景魁“曲线救国”，王强扮演的侯景魁警惕地说：“你要是当了汉奸可别怪兄弟不客气。”侯景太却梗着脖子辩解：“我是这样的人吗！”甚至能面容坚毅、掷地有声地说：“我侯景太是永远不会当汉奸的！”一句词，就把这个人物的无耻刻画到位了。

这之后，他利用侯景魁与耿三七双方会宴时，悄悄给侯景魁下药，想要一石二鸟，在日本人面前立下不二功劳，结果事败，他又妄图挟持侯景魁带着侯景魁的部队去投日本人邀功请赏，侯景魁被耿三七带着八路军救下，他才逃回日军继续当汉奸。这段戏，主要表现他的老谋深算和心思缜密，仅仅靠着拉拢的20个士兵，就能差点毁了侯景魁的部队，足见他真是日本人得力的狗腿子。在处理他与侯小眼密谋计划这场戏时，我踱着步子沉思，眼睛里不能只有肤浅的坏，还要有内容，透出诡诈心思。

等侯景太再次出现在侯景魁面前时，是侯景魁的抗日先遣军面临弹尽粮绝之时，他带着日本人的银圆军火调拨令大摇大摆地走进侯景魁的司令部。

侯景太：侯司令，本家哥哥侯景太拜见。

侯景魁：你还有脸来？

侯景太：我本不想来的，但为了兄弟你的前程，我不来不行啊！

即便之前他差点将侯景魁俘掠给了日本人，现在也有恃无恐，面对侯景魁的威压，也直视对方没有丝毫害怕。

侯景魁：（怒极而笑）为了我的前程？就你？我没你这个哥哥！今天我也不把你怎么样，你走吧！

侯景太：哎呀，我走当然容易了，抬腿不就走了吗？可是我走了，兄弟，你可怎么办哪？

侯景魁：我怎么办，用不着你管。

侯景太：哎呀，景魁啊，你就别病驴拉硬屎了，你这儿的情况啊，我全知道，你的日子，也不好过啊。你都快吃不上喝不上了，军饷弹药都快没了，我跟你说句实在话，就这时候，那日本人只需要上来一个中队，你这抗日先遣军哪，也就玩完了。

侯景太自己就是见利忘义的人，所以相信自古财帛动人心，将几大箱银圆抬上来之后，他笃定侯景魁定会坚持不住，所以我在处理这段招降的台词时甚至还带着“救世主”般的傲慢和施舍。

侯景太：怎么样，景魁？白花花的银圆哪，雪中送炭，你哥我够意

思吧？

侯景魁：哼，日本人的钱，拿着烫手。

侯景太：景魁呀，你就别犯糊涂了，其实啊，我也不是真心跟着日本人的，我也是人在曹营心在汉，那汪主席跟你比起来又怎么样？

侯景魁：哼，你是说汪精卫啊？

侯景太：对呀，我有确切的情报，汪主席跟日本人早就眉来眼去，勾搭到一块了，我原来想，咱们兄弟俩，我在这边，你在那边，左右逢源，一块弄事儿，可现在不同了，中央上边有人说了，要曲线救国，曲线救国，明白吗？

侯景魁：我不管什么七线八线的，我告诉你，想让我给日本人做事，没门！

侯景太：哎呀，什么叫跟日本人干事啊，我告诉你，就这个乱世道，有枪便是草头王啊！我的意思，还是为咱们老侯家着想，你说是不是？

汉奸自有一套混蛋逻辑，并且觉得自己特有道理。见侯景魁还在犹豫，他又开始挑拨侯景魁与八路军的关系。

侯景太：景魁呀，你好好想想，跟着八路混，有什么好处啊？我听说，这次选区长，咱们侯家，那是多大个家族啊？愣被一个娘们儿给打败了，你知道他们在背后做了多少手脚吗？

侯景魁：不会吧？

侯景太：不会？就凭她代云？她为什么能够胜过咱们侯四爷啊？这件事儿，你就是把我脑袋砍了，我都不信！再说了，她代云跟咱们什么关系？那是杀夫之仇！她代云，能忘了吗？还有你爹，也就是我的亲二叔，那不还是代云，当年带着穷鬼们闹革命，活活地给气死了吗！

这时的语气，若不知道的，还以为他是个为兄弟操碎了心的好哥哥呢。耿三七只身来到，侯景太立刻意识到这是个机会，一个眼神示意，就让观众明白了他在侯景魁的部队里早就安插了眼线。他用银圆，用枪炮，轻易就能发起侯景魁手下的联合“逼宫”，绑住了耿三七。侯景魁说话已经不管用，被迫考虑是不是要牺牲耿三七来防止自己的部队哗变。

侯景太不是简单的听从日军命令的汉奸狗腿子，他能给日军出谋划策，他也能工于心计去拉拢抗日之心不坚定的人，这段戏就充分表现了他的这一特点，并且通过一场收买的戏，就暴露了在抗日战争中那些投降叛变的人的心理。日军能在中华大地上犯下如此罪行，离不开侯景太这样的人物推波助澜。由此，观众们更恨这个侯景太了。

在剧本中，只有台词和简单的提示，这是周主任对我的绝对信任。导演在现场对我的戏也极为放心，任由我演，所以我的创作十分自由，很多台词语气以及肢体动作，都是自己根据人物内心来设计和表现的。用表演，将剧本上的文字变成镜头前活生生的人，这是作为演员最有成就感的事。

电视剧《我的故乡晋察冀》播放于2013年，正是诸多“抗日神剧”密集引起了观众反感的时候，这部剧的出现却赢得了观众和专家领导们的普遍赞誉。当时的中国文联副主席、中国视协主席赵化勇说：“《我的故乡晋察冀》在目前这种过度娱乐的状态下播出，无疑对观众认识当年抗战的艰巨性是非常有好处的，也是对某些抗日‘雷’剧的一种拨乱反正。”时任中国电视艺术委员会主任兼秘书长王丹彦说：“《我的故乡晋察冀》不但在史实开掘等方面做了突破性的探索，而且在当前某些所谓抗日‘神’剧、‘雷’剧以娱乐化做幌子来抽离真实、误导观众的情况下及时地为抗日题材电视剧的创作树立起正确的标杆。我认为这个剧最值得肯定的是再现了战争年代的党群关系、军民关系，艺术而深刻揭示出历史选择的本质规律与内在必然；该剧在人物塑造上下足了功夫，取得了比较理想的艺术效果。该剧作者在创作过程中凭借内心深处的使命信仰、社会责任和文化自觉潜

心研磨，因此才成就了这部观众口碑和收视效果双丰收的好成绩。我们应该呼吁多出一些像《我的故乡晋察冀》这样的诚意之作，精品之作。”时任总政宣传部艺术局局长、军事艺术评论家汪守德说：“该剧主创掌握了大量的历史资料并对其做出了深入的思考，而且在创作过程中保持了艺术的良知，并没有因为要迎合市场而哗众取宠；编剧周振天在电视剧创作过程中展现了出色的编剧能力，剧情扣人心弦，人物特色鲜明；更难能可贵的是电视剧在表现战争的真实质感上尽了很大的努力，让观众仿佛重新回到了那个战火纷飞的年代，这让我很感动。这部电视剧和现实有着很强烈的对比照应，中国共产党能够创建新中国，依靠的就是与人民群众相濡以沫的深厚情谊。这个作品我觉得它所提供的东西还是很值得探讨和思考。”[1]

而在电视剧播放之后，观众们对侯景太的反应，都是“这个侯景太怎么还不死！”可见恨得咬牙切齿。话虽难听，但这说明我的表演成功了。导演也早就料到群众的意见，所以在最后一场戏时，给我身上安了十几处炸点，就怕观众看得不够解气。

有周振天主任为我量身定制，我在“大坏蛋”的路上一骑绝尘。而随着侯景太中枪倒地，我这“汉奸专业户”的名头算是实至名归了。

[1] 黄柳:《电视剧〈我的故乡晋察冀〉研讨会纪要》,《当代电视》2013年第8期。

电视剧《我的故乡晋察冀》剧照，我饰演侯景太。

电视剧《金手指》也是周振天主任编剧的作品，我在其中饰演反面人物伪警察，其中有一大段台词诉说了这个伪警察的心路历程，我在剧本的基础上加入了自己的二度创作，用类似贯口的形式，将这个人物刻画得更加生动，得到了周振天主任的赞同和肯定。

伪警察：王爷，怎么样？这大狱的滋味不好受吧？哎呀我说王爷，您说人活着不就图个吃香的喝辣的金钱美女随便划拉的么，这些您都有了，您何必还为他们去卖命呢？害得您自己是三番五次地进大狱。您到底是图什么呀？

王爷：呸，像你这样活着那和畜生有什么两样？

伪警察：嘿，王爷，这话可让你给说着了，眼下在中国这个地面上，拿枪杆子的随便杀人，掌印把子的随便捞钱，我算什么呀？不就是个畜生嘛！多吃一顿算一顿多活一天算一天，可你们把自己当人看你们可就错了，那你们可就真的跟自己过不去了，当人你就要天天人模狗样，当人你就要天天的要头要脸儿，你累不累啊？所以你说我是个畜生，哈哈哈，我呀不但不恨你，我还得谢谢您！为什么呢？因为你们压根也没把我当人看就当个畜生，只要你们不把我当人看当个畜生我就可以天天的想吃什么吃什么想喝什么喝什么想玩什么玩什么，谁都不会怨我的，您说是不是啊王爷？啊？哈哈哈哈。

小坏蛋

此“小”，亦与人物身份无关，而是指那些身上有各种小毛病，能把观众气乐了但又只能对其无奈摇头的“小坏蛋”。

《种啥得啥》

电视剧《种啥得啥》，是由中央电视台文艺中心影视部、吉林市电视台电视剧制作中心联合摄制的一部反映农村生活的轻喜剧。该剧以棒槌沟的人参巨款失踪案件为线索，描写了围绕这个案件所发生的一连串矛盾和纠纷。

这部电视剧里人物众多，主要集中在几个家庭：以男主角李相平为主的老李家、李相平的准岳父许老歪一家、许老歪的大女婿梁大贵一家、受尽委屈的赵青山一家以及赵青山的死对头林老三一家。

李相平由武警部队转业回到青山乡任司法助理，乡领导给他的任务是为全乡发展经济创造安定的环境。工作中，李相平发现吴乡长的所谓“安定团结”，是为了掩盖和压制棒槌沟的人参款以及各种贪腐问题。

赵青山是两年前揭发人参案的第一人，因写检举信受了多次无端陷害，被逼得离家出走，在外打工两年之久，这期间他月月给家寄钱和邮信，妻子杨小娥却没收到，因为人参案的主谋之一文会计唆使林老三用赵青山寄来的钱勾搭杨小娥，两年后杨小娥到法庭以赵青山失踪为由诉离异，并和林老三结婚。林老三是个贪婪又无知的法盲，娶杨小娥之后又借女儿婚事索要钱财，逼得女儿上吊自杀，被赵青山救下。

文会计唯恐自己的罪行东窗事发，在村里极尽挑拨之能事，利用林老三去诬陷赵青山，想让赵青山在棒槌沟待不下去，又挑唆李相平的嫂子在家里撒泼胡闹，搅得鸡犬不宁，想要牵制李相平。最终纸包不住火，在李相平等干部的努力下，最终将人参款案查得水落石出，破获了这起村乡两级干部合伙贪污的大案，充当保护伞的受贿者吴乡长和作弊者魏杰、文会计落入法网。

这是一部接地气的农村戏，所有人物都写得生动而饱满，每个人都有优缺点，暴露了很多人的劣根性，又展现了农民的朴实和可爱。如李相平的母亲，坚韧善良，却固守着老思想，让长子忍受了10余年不幸的婚姻，又以“年岁犯冲”为由阻挠李相平与凤娇的感情。许老歪是一个固执又大家长式的老头儿，他认为对的事情谁劝也没用，惹出了很多让人生气的麻烦事，这样的老人在生活中并不少见。还有很多女性形象，有为了私利而撒泼、耍无赖、搬弄是非的大嫂们，也有懂知识有眼界的年轻姑娘们。上述各色人等都是这片土地上生长的生命，代表着棒槌沟的过去、现在和未来。他们之间也因此发生了激烈的碰撞，这是时代前进的必然。

我在剧中饰演的就是那个坏蛋林老三。这个人物身上集中了很多缺点，为了得到杨小娥就听文会计的话干下“截胡”的缺德事，为了赶走赵青山就去偷李相平家的鹅再把鹅毛扔到赵青山家门口设计陷害，养女儿就为了“卖”钱，不给个三五万就去男方家里胡闹，四处藏钱不说，连包盐都要锁在柜子里。最关键的是，他还是文盲加法盲，只会发狠和耍横，无视法律和道义，只要对自己有利，啥都不在乎。但他在法律面前也“认倒霉”，配合惩罚。虽然截了赵青山寄回来的生活费，但他自己并没有私留，而是全用在了杨小娥母女身上。干了许多坏事，却没有酿成不可挽回的后果。这是因为他的本质不是恶，而是坏，自私自利的坏，一旦醒悟，是可以回头的。

对于林老三这样的形象，我并不陌生。小时候在姥姥家，村里就有偷鸡摸狗占便宜耍无赖的村民。他们的样子一直在我脑子里，都是撇着嘴，吊儿郎当，一副混不吝的模样。所以当林老三犯浑时，我就梗着脖子，斜着眼角，嘴角紧绷。当他面对文会计时，又会露出谄媚的笑容。虽然眼珠子总是叽里咕噜地转个没完，鬼主意不少，但因为没文化，所以能轻易地

电视剧《种啥得啥》剧照 。

被忽悠。文会计提出个问题，我通常都会一脸茫然地问：“那怎么办？”他跟我说一个解决方案，我立刻就露出恍然大悟和似乎已经得逞的坏笑。简单，直接，没有多余的思考，喜怒形于色，心里怎么想的张嘴就说，不管不顾，才会被文会计当枪使了还不自知。

林老三开始转折变化的一场戏是文会计暗戳戳搞串联，要村民联名举报李相平。文会计找到林老三时，要往常他肯定冲锋陷阵在头一个，但经过了“房款”和女儿的事情后，林老三知道其实李相平是个好干部，他不想参与，又不愿意得罪文会计。所以我站在菜地里，一脸为难，试探地笑着说：“要不这次，别算上我了吧！”文会计哪里会放过他。我只好继续笑着找借口：“最近右眼皮总是跳，怕出事。”这是属于林老三的小狡猾，他想不出别的理由来搪塞。可文会计哪里能容他糊弄，直接强迫地算上他一个。等文会计走后，我脸上的假笑变成了抿嘴思索。最终，林老三在路上拦下李相平的摩托，惯性地为了自己的事情发了通牢骚，然后收起那副无赖样，认真地说：“我可听说有人要告你啊！”李相平压根就没信。我又摆出一副跟他不对付的神态，上下白了一眼，撂下句：“你呀，自己小心点吧！”

从逢迎的假笑到皱眉思索，从无赖到认真再到用“不对付”去掩盖内心，这两场戏的表演，就较为准确地传达出林老三的改变。在这部18集的电视剧里，林老三坏了17集，到最后一集忽然幡然醒悟，变成了好人，很多人说这是“断崖式”的翻转。确实，由于铺垫不足，林老三的转变不如其他人物转变得自然和真实，但在前面这两场戏里，我还是用表演埋了点伏笔的。

至于外形，与汉奸、恶霸不一样，我不用刻意地去调动和夸张脸上的特点烘托人物，因为林老三本质上就是个有问题的农民，讲究一个乡土气息，于是我敞着上衣，背着手，牵着驴，迈着有点外八的小步子，得意扬扬地走在河边，就是一个农民样儿。

坏蛋虽然小，但演起来别有一番滋味。在我创作的角色中，还有很多这样的小角色，其中有农民，也有小市民。他们比大坏蛋们更贴近土地，更贴近人间烟火。

复杂型坏蛋

复杂型，顾名思义，就是这个人物坏得不简单，在剧作中仔细描摹了他变坏的过程和前因后果，因此对演员的表演水平要求更高，演起来更过瘾，也是我非常喜欢的角色类型。

《马本斋》

《马本斋》是1993年拍摄的一部8集电视连续剧，由郭宝昌和马树超共同执导，在中央电视台一套黄金时间播出。

马本斋早年投身奉军当兵升至团长，到1931年“九一八”事变后，因不满蒋介石的不抵抗政策，毅然弃官返乡，在家乡组织回民义勇队，奋起抗日。1938年率队参加八路军，所部改编为冀中军区回民教导总队，任总队长，同年加入中国共产党。1939年，回民教导总队改编为八路军第三纵队回民支队，马本斋任司令员。1942年8月，回民支队奉命到达冀鲁豫抗日根据地，马本斋被任命为冀鲁豫军区第三军分区司令员兼回民支队司令员。改编后的回民支队，在马本斋的率领下，战斗力不断提高，队伍迅速发展到两千多人，成为八路军冀中军区一支能征善战的精锐部队。马本斋作战勇猛，身先士卒，在回民支队和广大群众中有很高威望。从1937年至1944年，马本斋率部经历大小战斗870余次，歼灭日伪军3.6万余人。可惜在长期的战争生活中，马本斋营养不良，积劳成疾。1944年1月奉命率回民支队赴延安，行前病重。1944年2月7日，不幸病逝，年仅43岁。

电视剧《马本斋》虽然只有短短的8集，却生动展现了1931年以后马本斋的重要人生节点，勾勒出了这位抗日英雄和回民支队的全景。我在剧中饰演马本斋的表弟，也是回民支队的参谋长——哈少甫。

电视剧《马本斋》剧照，我饰演哈少甫。

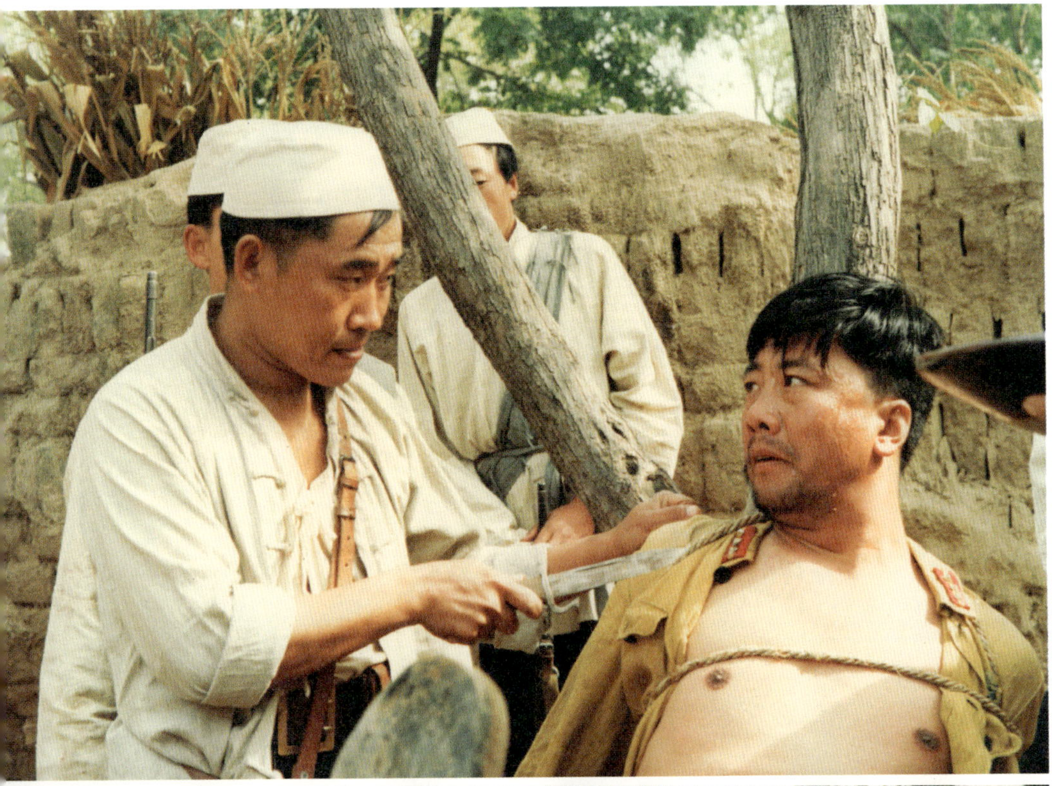

刚出场时，哈少甫尚且是一个积极抗日的战士，跟随马本斋左右，上阵杀敌时也相当勇敢，但身上有诸多匪气。等到八路军的郭政委与马本斋有了接触之后，哈少甫意识到大表哥很有可能要加入八路军，觉得自己的利益会受到威胁和损害，才逐渐暴露出自己人性的阴暗面。

“如果被八路军收编，那自己现在的地位肯定不保，那怎么行？”

“大表哥也规定兄弟们不能饮酒，不能谈论女人。我就好这口，他怎么能跟八路军学呢，要真收了编，那我身上得有多少约束？”

“底下人不听我话，我抽两皮带怎么了？还要我给他道歉，门儿也没有！”

“我们打仗，收缴的东西都归自己，怎么现在还得上缴？凭什么上缴？那我打仗图啥？”

在这样的心理下，哈少甫对八路军是百般看不顺眼，不仅不服八路军的各项纪律，还无时无刻不想找机会去挑拨回民支队与八路军的感情。究其根源，哈少甫没有任何革命的思想，抗日就是出于反抗，当了参谋长就想把他意识中当官的样儿都实现一遍，吃喝嫖赌，一样都不能少。

可马本斋不能容许他这样。失望愤恨之下，他干脆连仗都不打了，去河间的妓院流连忘返，最终让皇协军在妓院把他给抓了。日军对他严刑拷打，起初他还颇为硬气，宁死不招马本斋的位置，后来还是汉奸周朝仁抓住哈少甫的弱点:“你现在是被马本斋踢出来的，姥姥不亲舅舅不爱的土匪。你是反对马本斋投靠八路，你做得对啊。可他是执迷不悟。日本人最少能统治中国50年。50年后，咱们还管得着吗？人生在世无非吃喝嫖赌，你不当汉奸就要死，当了汉奸才能舒舒服服地活着呀！”

哈少甫听完这番话，新仇旧恨一起涌上，加上日本人在一旁虎视眈眈，最终叛变，做了汉奸，完全放弃了抗日的信念。为了讨好鬼子，哈少甫甚至献计可以抓住自己的大表姑，也就是马本斋的母亲，就能以此劝降或诱杀马本斋。马母深明大义，为劝服儿子抗日，滴水未进，粒米未沾，七天后绝食而亡。

哈少甫这个人物的发展脉络较为清晰，所以我在表演上也分为几个层次。刚出场是在马本斋的婚礼上，哈少甫给新娘抬轿子，张大嘴笑得十分开心，此刻的他是真心为大表哥高兴。在与鬼子的几场战斗中，他作战十分勇敢，这时哈少甫眼中充满了对日军的仇恨。在读到马本斋新下的“不许喝酒，不许谈论女人”的纪律命令之后，他满脸的不服不忿，哼了一声，背着手摇头晃脑地哼着小曲走远，此刻他身上的匪气逐渐明显起来。八路军侯大傻子违反了民族政策和八路军的军纪，哈少甫抓住他，要求枪毙。投票表决时，只有哈少甫将手举得高高，见无人应和，又讪讪地放下手来，这是矛盾的积蓄阶段，观众已经能从中看出哈少甫恐怕是要和八路军对抗到底。之后多次被马本斋当众惩罚，哈少甫心中的怒气逐渐到达了顶点，没有了最后一点顾虑，才最终叛变。

当哈少甫见到大岛果树时，是他第一次以汉奸的形象出现。此时面对日军高官，我的眼睛里不再有任何一点仇恨和反抗，取而代之的是惧怕和闪躲，不敢直视大岛，整个人都微微拱起，卑躬屈膝。大岛问话，我也只敢扭头对周朝仁回话。这样的设计，不仅体现出他的怯懦，还因为他刚做汉奸，面对日本人时还不知道怎么去转换角色。

叛变之后，哈少甫端着一碗银耳汤去劝被捉来的马老太太，这是一场重头戏。饰演马老太太的是表演艺术家前辈曲云，她的表演成熟老到，让我这个演对手戏的年轻演员也能迅速找准表演的感觉。

端着汤小心翼翼地进门，见马老太太正闭目坐在炕上，小声叫了句“大表姑”，见没反应，又略带结巴地大声又叫了句。马老太太睁眼，看了我

一眼。我略低着头，脸上又惭愧，还有点委屈。

只听马老太太平静地问：“你给鬼子干事了？”

我一时无言以对，只好放下碗，扒开自己的领口，露出鞭痕，带着哭腔，一脸痛苦地给自己找理由。

“大表姑，你看，我受不了啦。他们打得我，你看。”

可马老太太不会同情这个叛徒，继续冷静地问：“是你把我出卖给鬼子的？”

哈少甫更加羞愧和无法回答，嗫嚅着：“我……”

低头、抬眼、偷看左右，以躲避马母质问的目光。看到那碗汤，好像找到了继续下去的道具，赶紧端起来，对马母说：“大表姑，你先喝两口汤再说话吧。这是百年老参熬的汤。”

马老太太不为所动，继续追问：“我问你是不是你替鬼子出的主意，把我抓来的？”

到这里我实在没办法了，只好一边扇着自己的耳光说着后悔，一边承认。马老太太宽厚善良，还在做着挽救哈少甫的努力：“你后悔还来得及，只要你抗日。我白文冠不记仇。你跪下发誓，投奔本斋抗日去！”

哈少甫大概也没想到马老太太能这样不放弃。事已至此，再也伪装不下去了，我闪躲着说出了哈少甫的心里话：“我不想再抗日了。”

这场戏里，曲云老师的表演从冷静到愤怒再到极度的失望，层次分明。与之相应地，我的表演也从怯懦到试图利用亲情博同情再到破罐子破摔。彼此交锋之下，白文冠的形象越发光辉凛然，哈少甫的形象越发阴鸷渺小。郭宝昌导演对我们的表演很满意，高声喊：“准确！下一场。”

电视剧《马本斋》的拍摄地就在马本斋的家乡河北省沧州市献县，虽然已经是20世纪90年代，但那个小村子还保留了抗日战争时期的部分原貌，拍摄条件非常艰苦。我们住在一个小学校里，所有男演员都睡在一间教室里，比我在新兵连时还要惨，不仅是稻草铺地，盖的被子也都是从村民家里借来的，脏破不堪，被头都黑得发亮，那气味，熏得人够呛。有演员一看这个条件，扭头就走了。可我们都秉承了致敬英雄先烈的决心，咬牙将拍摄坚持了下来，导演和主演也不例外。我还有一场摔马的戏，哈少甫送马老太太的棺木回村，被速成追赶，骑马狂奔一阵以后，终于被速成打中，翻身落马。那时我正年轻，一身的功夫，这个镜头虽然危险，但我完成起来还比较顺畅。

凭借哈少甫这个角色，我获得了第十六届中国电视金鹰奖最佳男配角的提名荣誉。1993年，我刚进入影视表演行业不久，就遇见了这个复杂的角色，不仅磨炼了我的演技，还促使我逐渐摸索出一套分析人物、揣摩表演的工作方法。哈少甫的成功，奠定了我表演反面人物的基础。《马本斋》在央视的热播，也给初入海政的我壮了声威。

《洪湖赤卫队》剧照。这时候的王金彪一心想着过好日子，所以很拼命。

《洪湖赤卫队》

《洪湖赤卫队》，改编自同名歌剧和电影，是湖北省委宣传部联合湖北省广播电视总台、湖北广播电视台经视频道、湖北电影制片厂四家出品的28集革命抗战题材电视连续剧，由石伟执导，周振天任总编剧。2010年在中央电视台一套首播，荣获了中宣部“五个一工程”奖。

1930年，共产党员韩英受党组织的委派，到洪湖彭家墩成立洪湖赤卫队。当地恶霸地主彭霸天勾结反动势力，组织了所谓白极会“神兵”，又花钱买通保安团，反扑彭家墩。赤卫队寡不敌众，在几近绝境之时被迫撤入八卦洲。村民们在胡子爹的组织下，积极帮助赤卫队渡过难关。韩英利用八卦洲错综复杂的水道做了周密安排，狠狠打击来犯之敌，白极会“神兵”几乎全军覆没。韩英趁彭霸天的武装势力全部下湖，抓住机会，果断率队突袭了彭家大院。彭霸天兵败如山倒，只得逃往汉口。王金标因为去挖掘彭霸天埋在祖坟的窖藏金银而被彭霸天抓住，随之叛变。在王金标的配合下，彭霸天、保安团向赤卫队再次发动猛烈进攻，韩英为了保护乡亲而被捕，后被张立宪所救。刘闯惩处了叛徒王金标。不久，红军重回洪湖地区，赤卫队在红军的支持下再次攻占彭家墩，韩英亲手击毙了恶贯满盈的彭霸天。

从故事情节可以看出，电视剧的内容比歌剧要丰富得多。从一部两小时左右的歌剧和电影变成一部28集的电视连续剧，对编剧来说改编工作是个大工程。周振天也是经过了十分慎重的考虑：“毕竟这部经典歌剧已经成为了一个情感载体，承载着人们对20世纪60年代社会气氛和精神风貌的记忆，触动这部作品，其实就是在触动人们对那个时代的感情，甚至还包含着一份圣洁的情愫，所以怎样修改这部作品我是经过反复考虑的，几经考虑才决定接手。”[1]

---

[1] 李亮：《中国视协副主席周振天谈〈洪湖赤卫队〉改编的前前后后》，《中国艺术报》，2010年7月23日第3版。

2008年夏天，周振天主任与助手专程去了洪湖，采访了洪湖赤卫队的后人和研究洪湖地区革命斗争史的专家，参观了洪湖档案馆、洪湖革命历史博物馆和革命根据地瞿家湾。“我们从洪湖那里得到的赤卫队的相关资料是非常丰富的，比如，韩英装扮新娘子抢枪的故事，就是在赤卫队队员身上真实发生过的；还有湖匪当时在洪湖是非常猖獗的，这些真实的历史经过艺术加工后写进了剧中。作为歌剧和电影的《洪湖赤卫队》，由于篇幅所限，不可能展现那么多的东西，但作为28集的电视连续剧，应该将这些宝贵的素材融入其中。”❶

歌剧《洪湖赤卫队》首次排演于1959年。1959年11月，它作为湖北省向新中国国庆十周年献礼的华彩大戏在北京演出，成为丰碑式的作品。一曲《洪湖水浪打浪》更是广泛流传，家喻户晓，传唱至今。1960年，北京电影制片厂和武汉电影制片厂联合摄制同名电影，将此舞台剧搬上银幕。影片保留了原歌剧中的精彩唱段，获得了第一届电影百花奖最佳音乐奖。在电视剧《洪湖赤卫队》的剧本创作中，周振天基本遵照了经典歌剧和电影的故事框架、人物形象以及人物间的关系，依然讲述了土地革命时期赤卫队与恶霸、湖匪及白极会在彭家墩的武装斗争，在此基础上大大扩展了故事和表演的时空维度，情节被演绎得更加错综复杂、跌宕起伏。歌剧中被高度简略的线索在电视连续剧中得以放大和扩充，并根据剧情的需要进行合理的增添和创造，增加了一些新的故事情节：春生假叛变，加入白极会，秘密为赤卫队提供情报；王金标贪财心切，盗取彭霸天祖坟的金银财宝；谢十三潜入根据地刺杀韩英等。这样的改编让整部电视剧都充满了戏剧张力和悬念，同时也更为细腻地刻画了韩英、刘闯、彭霸天、王金标等不同人物的不同性格，对赤卫队群体形象也进行了丰富、细腻和富于个性的塑造。

我在剧中饰演叛徒王金标。不论是在歌剧还是在电视剧中，王金标都

❶ 李亮：《中国视协副主席周振天谈〈洪湖赤卫队〉改编的前前后后》，《中国艺术报》，2010年7月23日第3版。

电视剧《洪湖赤卫队》剧照。

当韩英把选大队长的票投给刘闯时，王金彪的心态起了实质性的变化。

是一个关键性的重要人物。周振天主任在此次改编中，给了王金标浓墨重彩的描写，因为他投身革命，不是为了“劳苦大众得解放”，而是“革命为自己”“革命就是搏命”，他正是革命队伍中一类人的典型，从战争年代到和平时期都不乏这类人，所以对王金标的形象塑造，除了在剧情中起到重要作用之外，还有着深刻的现实意义。

能接到如此厚重又层次丰富的角色，我很兴奋，连夜研读剧本，去认识和融入王金标的精神世界。

他有能耐，能冒着生命危险去救刘闯；有智慧，能在被封锁的情况下为赤卫队搞盐和搞枪。在赤卫队遇到危险时，能带领队员们躲进八卦洲，同时还可以躲过敌人与外界联络。他对妻子来说是一个不错的丈夫，对于受伤的战友是舍身营救的同袍，在战斗中也不失勇敢，所以他很有服众的资本。然而他擅长的是做生意，期盼的是升官发财，为的是一己私欲。在赤卫队第一次攻下彭家大院时就想霸占彭霸天的大床，对鱼行老板巧言令色，并且诱惑彭霸天的老婆说出彭家财产的所在地，妄图霸占。他不服韩英的管理，总想着按老理儿女人都不能上船，被女人管算怎么回事？处处与韩英作对，贪图彭霸天的财产并被抓住，层层递进的铺垫，让他的叛变变得“合理”。一个革命意志薄弱的革命者，没有经受住金钱名利的考验，一次次危害革命，最终彻底走向了反面。

同样是叛徒，王金标比哈少甫还要复杂，心理变化的层次还要多，我的表演自然也要符合人物设定。

比如刚出场时，王金标是个鱼贩，要表现出商人的精明，我的眼睛里会有算计的神色。不管是否顺心，都喜欢打算盘，这一习惯动作的设计，符合人物身份，又将他一事当前，算计得失，大利大干、小利小干、无利不干的处世哲学外化出来。

去救刘闯，大家都问王金标拿主意，他体现出了领头人的能力，表现挺沉稳。

克虎：金标哥，你说怎么办啊？

王金标：老话说，人多势众，只要咱们带着几十号乡亲，去找彭霸天，兴许啊，能把刘闯弄出来。

秋菊：就算乡亲们都去了，彭霸天能放人？

王金标：你忘了？今天是他招待四方宾客的大喜日子，只要咱们把乡亲们带过去，就说是给彭老爷道喜，说吉祥话，这样他总不会拦着吧？只要咱们人进去，就当着他们宾客的面求情，看他们怎么办。

黑牯：彭霸天一向心狠手毒，尽管咱们人多，可赤手空拳的，他会怕吗？

王金标：哼，他来狠的，咱们就来损的。几十号人堵在大门口，又说又唱又闹，他要是不给咱们面子，咱们就把他的酒席搅个乱七八糟。

被谢十三绑走，我的表演要体现出王金标一身匪气的特点，说话和动作都带着江湖人的气息，为了活命可以舌绽莲花，但没有卑躬屈膝。

王金标：（迅速淡定）十三爷就这样招待恩人吗？

谢十三：恩人？

王金标：三年前在小龙口，十三爷说过呀，从此以后我王金标就是您的兄弟。

谢十三：你就是那鱼贩子？

王金标：（继续淡定）十三爷被保安团追杀，躲在我的船舱里，那个时候您可没嫌弃我是鱼贩子。

谢十三：我当时给了你二十块大洋，咱都两清了。

王金标：十三爷盖世英雄，就值二十块大洋？

谢十三：这话我爱听，看座吧。

王金彪为个人贪欲争勇斗狠，最终成了可耻的叛徒。

王金标：十三爷绑我来，是要喝酒还是叙旧啊？

谢十三：拿人钱财与人消灾啊。有人出了现大洋，让我做掉你。

王金标：是彭霸天？

谢十三：没错，彭老财出手是一向大方啊，你一条命，就值两百块大洋。这生意我不能不做啊。你别跟我说当年的事儿啊，我也是在商言商。

王金标：当初在我的船上，十三爷说过一句话还记得吗？你说什么时候咱爷们也能享享彭霸天那样的福气。

谢十三：哼，这个梦我是天天都在做。可是有什么用啊，他彭老财现在眼看着是越来越发达了。

王金标：我是替十三爷咽不下这口气。凭什么他彭霸天山珍海味地吃着，丝绸的被子盖着，漂亮的丫鬟搂着，云土的小烟抽着，而你十三爷却待在这芦苇荡里喂蚊子，还要为了区区二百块大洋就溅一身自家兄弟的血。

谢十三：够了！你是来消遣我的？对不住了，下辈子回报你吧。

喽啰押着王金标往下走，王金标奋力扭身地喊。

王金标：十三爷，机会就在眼前，你不能白白错过啊！你会后悔的！

保护自己媳妇时，颇有男子汉的气概，这段表演需要不卑不亢，眼神里都是正气。

王金标：（颇有胆气地）是十三爷吗？金标在这候着您呢。

谢十三：你这哪是要候着我啊，你这不是要逃吗？

王金标：这些日子，我一直在逃。得罪了彭霸天，有家也不能回啊。

谢十三：那你这是要去哪啊？

王金标：送我媳妇回娘家。

谢十三：回娘家？你也不想想，你还走得了吗？

王金标：十三爷要是有什么恩怨，冲我王金标来，跟我媳妇没关系。

这个阶段，王金标还不知道革命为何物，以为隔壁瞿家湾的革命就是打土豪分财产，让自己也能过上花天酒地的生活。他仇恨彭霸天，为了斗倒彭霸天可以毫无畏惧，可这仇恨的原因是“都是一个鼻子两只眼，凭什么他就能吃香的喝辣的过天堂一样的生活？我不服！”这就奠定了之后王金标人物发展走向的基调。

又如，在王金标带着李四去盗掘彭霸天祖坟埋藏财宝这场戏，这时的王金标在心里已经彻底和韩英、刘闯决裂，只不过还未达到自己的目的，还要在赤卫队里伪装。当他终于能来盗掘彭霸天的祖坟时，心心念念的财富就在眼前，他再也隐藏不住了。此刻，王金标就是一个心狠手辣的土匪，眼神里不仅有贼光，还要有凶光。为了独占财宝，杀了李四黑吃黑，行动上没有丝毫犹豫，一切都是理所应当，他志得意满。

可惜那些金银珠宝还没来得及揣兜里，王金标就被彭霸天当场抓获。遭受毒打之后，他已经放弃了对彭霸天的任何反抗，双膝一软，跪倒在地，大声喊着老爷饶命。

王金标：（跪下乞求）彭老爷，咱们做把交易怎么样？

管家：老爷，拉下去乱棍打死算了。

王金标：（惊恐地喊）老爷饶命，老爷饶命啊！您听我说，您听我说老爷，咱们再商量商量！我可以帮你抓住韩英，我可以帮你把赤卫队一网打尽！怎么样？老爷！

彭霸天：好，就是这个办法。用韩英的命，换你的命。

王金标：好，好。以后我就跟着彭老爷干了！

这里的表演，与刚出场时的表演截然不同，王金标双腿一跪就再也站不起来了，已与一般狗腿子无异。经过了一系列的战斗和追名逐利之后，那个勇敢斗争的鱼贩子王金标已经荡然无存，对名利的私欲越是得不到满足就越旺盛，最终带着他走向可耻可悲的叛徒结局。

独自撑船回赤卫队的路上，王金标琢磨着怎么能掩盖叛变的事实，“潜伏”下去，以完成彭霸天交代的任务，先在船上进行了一番演练的独角戏，编了一套李四的死因，用沉重悲痛的口气演了一遍，觉得不行，又换上了哭腔再演一遍，自觉还是这样的风格比较对头。这段戏其实是为了讽刺王金标这个叛徒，所以我的表演稍微带了点滑稽的色彩，假哭和假悲痛夸张一些也无妨，演得十分过瘾。

刘闯入党，王金标与他有番对话，这是他叛变后难得敞开心扉一次。

王金标：刘闯，你现在前程似锦，别忘了提携兄弟一把。

刘闯：你说什么呢！什么前程似锦啊！

王金标：（真诚感叹）没想到啊，你们一个个的都修成正果了，就剩我一个，姥姥不疼舅舅不爱啊。

刘闯：我说你酸不酸啊，谁都可以要求进步，要不你也写一份入党申请书，我做你介绍人。

王金标：（叹气）晚了。

刘闯：英姑不是说过么，革命是不分先后的。

王金标：我这个人，宁为鸡头，不做凤尾。想想我跟彭霸天这么不对付，除了当初他砸了我的渔行，让我活不下去，可能也有我不服他的成分。一山不能容二虎，他凭借着祖宗的基业，就能平步青云，而我连个渔行都开不下去，所以，我不服他。

刘闯：所以，这就是官逼民反。

王金标：你说他为什么逼我们反呢？他要是不逼我们，那我们还反不反他？我一直在想，当初彭霸天要不砸我的渔行，让我在彭家墩踏踏实实做生意，我还会不会跟你们一块跟他斗啊？

刘闯：你肯定会。

王金标：为什么？

刘闯：你刚才不是说了么，你想比他干得更好，最快的方法，就是参加革命。

王金标：（叹气）但是革命、革命实在是太不容易了。

刘闯：是不容易，但是值得。正因为有了我们的奋斗，将来就会有更多老百姓过上好日子呀！

王金标：我跟你不一样，你是为了更多的人，而我是为了自己，你能做到的，我不一定能做到。

这段对话，每句话背后都有深意，又句句都是王金标对自己内心的剖析。说完之后，王金标也在心里与刘闯这位昔日好兄弟做了告别，再往后，不是你死就是我亡。所以这段表演需要冷静深沉，台词处理需要况味十足，才能把王金标此刻复杂的心情表达准确。

这部戏的拍摄过程也很艰苦，芦苇荡里的蚊子能吃人，又有很多战斗场面，现场炸点也很危险。有一个镜头，我离炸点有两米距离，结果爆炸后崩起很多大泥块子，朝着我们就飞过来。眼看一大块就要砸到演秋菊的演员头上，我顾不得别的就将她扑倒在地，那块泥砸到了我肩膀上，青紫了一大片。剧中王金标与秋菊是对立的，镜头里不该有这个扑救的动作，但是作为演员杜旭东，救人是我的本能。

国家大剧院版歌剧《洪湖赤卫队》排练和接受采访时的工作照。

电视剧《洪湖赤卫队》播出之后，观众对我塑造的王金标都很认可。第一代韩英扮演者王玉珍也对我演的王金标给予了高度评价，称这个人物演出了“不一样”的感觉。

这要感谢周振天主任，他不惜笔墨将王金标这个人物刻画得细腻生动，又为我留下了广阔的二度创作空间，才给了我成功的机会和基础，荧屏上才会多了一个“不一样”的王金标。

2011年，国家大剧院秉承着在新的时代背景下，传承经典，弘扬经典，让经典作品焕发崭新的魅力，让经典力量继续影响当代观众的初衷，与版权方湖北省演艺集团（原版权方湖北省歌舞团已经被并入集团）携手，邀请我国著名导演张继刚、指挥张国勇、舞美设计高广建、音乐创作改编董乐弦等国内一线艺术家创作团队，携手打造了国家大剧院版歌剧《洪湖赤

卫队》，并邀请我和李琦、张译等影视演员跨界加盟。

我在剧中仍然出演王金标，李琦出演彭霸天，张译出演张副官。歌剧与电视剧当然不同，王金标虽然是重要角色，但戏份不多。我们这些影视演员在其中主要靠表演来刻画人物，起到补充和调色的作用。其中有场戏，王金标叛变，彭霸天给他一兜子现大洋，他拎着兜子往回走。为了表现王金标的高兴，我翻了一连串的侧手翻，直从上台口翻到下台口。观众们都很惊讶，没想到我还有这个功夫，所以舞台效果非常好，台下掌声雷动。

从2012年首演到2021年8月，大剧院版歌剧《洪湖赤卫队》在9年中演了6轮，彭霸天和张副官的演员已经换了几次，只有我这个王金标还在。然而毕竟年纪不饶人，如今我已经64岁，只能拎着那兜现大洋高兴地跑过去，不敢再翻跟头了。

国家大剧院歌剧《洪湖赤卫队》剧照。我喜欢舞台剧，喜欢和观众近距离互动，这让我在演出中尤为兴奋，感觉很带劲。

我是好人

衡量一个演员的标准之一，就是可塑性。不论正面角色还是反面角色，不论主角还是配角，都能表现出人物的性格和特点，将人物塑造得栩栩如生、熠熠生辉，才是一个好演员应该具备的素质。

我演的角色大多是反面人物和小人物，难以避免的，观众就会对我的表演有了既定印象，甚至送了我一个词儿："邪不压正。"但我始终坚持一定不能做类型化的演员，因为一旦戴上类型化的面具，那么活生生的独特的人物就都变成了一道汤，就失去了表演的意义。我的艺术创作中也有不少正面人物，其中不乏耀眼的明珠。心有猛虎，细嗅蔷薇，演坏蛋让人恨，演好人也能很可爱，用年轻人的话说："我的反差萌萌哒。"

英雄

很多观众，尤其是年轻的观众，可能会不相信，杜旭东也曾演过英雄。其实不用惊讶，英雄并不在于外表是否高大帅气，而在于人格和精神的伟大，所以外形条件并不会成为我塑造英雄形象的束缚。

《北洋水师》

此日漫挥天下泪，有公足壮海军威。

16集电视连续剧《北洋水师》再现了晚清时期中日甲午战争中的丰岛海战、平壤战役、辽东战役、黄海海战、旅顺大屠杀、威海卫战役等众多战役、事件，全景式地记述了北洋水师从兴建到覆灭的全过程。由冯小宁导演，陈宝国、陈道明、葛优、滕汝骏主演，荣获“飞天奖”优秀电视剧奖二等奖。

为何亚洲第一的北洋水师，打不过硬件实力不如我们的日本海军？以往评判甲午战争和北洋水师的失败，都归结于慈禧太后和李鸿章等个体的原因，冯小宁则在电视剧《北洋水师》中述说了自己对这段历史的认识。甲午战争，中国海军的兴衰实际上直接影响到了全世界的历史进程，是中华民族命运的转折点，也是日本民族命运的转折点。甲午战争的失败，不是将士无能，不是对方船坚炮利，也不是李鸿章个人能改变的，根本原因在于清政府的腐朽。中日之战是制度之战，准资本主义对战腐朽的封建主义。日本在经过明治维新以后，国运蒸蒸日上，而腐朽的晚清，慈禧太后大权独揽，虽然已经意识到海上实力的重要，购买军舰，建立海军，但是统治者和官员都纵情享乐，军队各级贪腐严重，效率低下，怎能不败？所以北洋水师提督丁汝昌最后说了一连串如果：“如果太后不修颐和园，北洋舰队就会增加20艘军舰。如果炮弹充足，都能炸响，海战中也不至于一艘军舰也没打沉。如果李中堂放手我舰队的活动，我们的胆子再大一点，也不至于困守孤岛，憋在港内挨打。如果陆军能战，旅顺威海的防守也不至于被攻破。如果援军能及时赶到，我舰队主力则不至覆灭。”可惜，一切没有按照如果来进行。为什么？丁汝昌随即自问自答道：“刚开战时，许多人认为，堂堂大清，可以不费吹灰之力便可打败小小日本，可有谁知道日本的战斗力之强和中国之脆弱呢？官场倾轧，军纪败坏，民心萎靡，

堂堂大清，只不过是一棵早已烂了根、枯了心的古树，又高，又大，可来一阵风雨，就完了。”

这也是冯小宁导演借丁汝昌之口说出的他对历史的解读。

我在剧中饰演济远舰二等水手王国成，虽然只是个水手，但是留名青史，他在丰岛海战中用尾炮重创日本海军吉野号，是甲午战争中的战斗英雄。

在故事片《甲午风云》里，饰演王国成的是著名表演艺术家庞学勤，不论表演水平还是形象，都是刚涉足影视表演两年的我所无法企及的，珠玉在前，不免有点心里没底。冯小宁却给我吃定心丸：“我看过王国成的照片，就长你这样！”

电视剧《北洋水师》中人物众多，王国成的重头戏主要有两场——丰岛海战和突围求援。

1894年7月25日，北洋水师“济远”“广乙”两舰在护送运兵船至朝鲜牙山后，在丰岛西北海面遭到日本“吉野”“秋津洲”“浪速”三舰袭击。“济远”舰奋力抵御，大副沈寿昌、二副柯建章先后中炮牺牲。双方炮战1小时20分，管带方伯谦见大副、二副阵亡，下令转舵逃避。

“广乙”舰因中鱼雷而搁浅，管带林国祥下令自沉。而“济远”舰逃后，日舰“吉野”从后追赶，方伯谦下令挂白旗，紧接着又加挂日本海军旗。“吉野”舰仍紧追不舍。“吉野”舰是当时日本海军中航速最快的军舰，每小时航行22.5海里，而“济远”舰只能航行15海里，因此两舰越来越近。水手王国成见此情形，义愤填膺，挺身而出，奔向舰尾主炮，由水手李仕茂从旁相助，连发4炮，其中3炮命中“吉野”舰。“吉野”舰火起，船头前倾，不敢再进，“济远”舰才得以安全返航威海。

王国成身为二等水手，本无发炮资格，更无管带的发炮命令，但在爱国精神的驱使下，临危不惧，置个人生死于不顾。这场戏我的表演主要突出王国成的血性和勇敢，眼见敌舰追近，身旁水兵却在哭泣，忍不住蹦出来，大声骂道：“哭个屁，妈的！弟兄们反正也是死，死就死出个样来！来，谁来帮我装炮弹！”人物的情绪都在台词里了，此刻哪里还顾得有没有权力去反击，他只知道堂堂大清北洋水师不能不堪至此，日军欺人太甚。我几乎是呐喊的，杀红了眼。等第一炮击中“吉野”舰后，我没有欢呼庆祝，而是紧接着大喊：“上炮弹，再瞄准！”这个声音嘶哑的镜头，让不少观众记忆深刻。

第二场戏发生在北洋水师被困刘公岛之后，援军久久不来，北洋水师丁汝昌实在难以坚守，亲笔一封求援信，拜托王国成泅水突围，去寻援兵。水师生死，全系王国成一人之身，突围危险至极，丁汝昌甚至向王国成跪谢，吓得王国成赶紧也跪下，然后义无反顾地一个猛子扎进大海。

当王国成从刘公岛游到岸上，体力已然透支殆尽，摇摇晃晃地走在海边。可他一刻也不敢停下来休息，当看到援军的那一刻，终于松了一口气，跪在了地上。被带到援军头目面前时，我双膝重重跪地，两手撑地，抬头仰望着骑在马上的援军头目，脸上既疲惫又带着希望的欣喜，用已经十分沙哑的嗓音断断续续地说：“大人，我是北洋舰队的，丁军门派我求救兵来啦！”手里还紧握着求援信，满眼期待地望着援军头目。援军头目问道：“舰队现在如何？”王国成答道：“正在苦战！”说完赶紧打开求援信，嘴张开，作势要将信呈上。没想到对方根本没有要看信的意思，只下令道：“前哨向威海，迅速前进！”

可正在这个节骨眼上，后边有传令兵飞马来报：“大人，李中堂急电，令我军速回天津布防。”

“什么？回天津？那威海怎么办？”

“中堂电报说，增援威海之事有另外两支援军丁大人和陈大人去完成。”

“唉，回军。”

王国成拼了命搏来的救援，就这样轻易地折返了。王国成甚至没反应过来，还趴在地上等着援军快速前进去营救水师，忽然发现方向相反，这才强撑着立起身子，双膝仍跪在地上，双手还紧紧握着丁汝昌给他的

1991年拍摄电视剧《北洋水师》剧照。

我饰演济远舰水手王国成。

求援信，向援军大人挥舞着，求他看上一眼，不住地作揖，一脸焦急，用嘶哑的嗓音断续地哭喊道："大人，大人，不能回去啊！……北洋水师等着您呢！威海的百姓等着您呢！……求求您啦，大人！求求弟兄们啦！求求您啦，大人！求求你们！……北洋水师都在盼着您啊，大人！……啊！……大人！……啊！……大人！……啊！……大人！……看在祖宗的分上啊！……"

然而援军还是走远了，我跪在泥水里爬行了几步，最终只能徒劳地高举手臂，撕心裂肺地又喊了声："看在祖宗的分上啊！"语气已经由乞求变成绝望、痛苦和愤怒。

这场戏的处理，我根据自己对角色内心活动的理解，采用了上述很多细微的动作、丰富的表情和嘶哑喘息的语调，就是为了把人物从找到援军时的喜悦期盼，到突然绝望、无助的心理落差演绎得恰如其分。而这些在剧本上是没有的，全靠演员在充分融入角色的状态后自行揣摩和设计。

《北洋水师》的拍摄转战青岛和怀来官厅水库，工作条件十分艰苦，也曾遭遇过危险。我们拍摄用的船，是剧组从海军博物馆找来的一艘老旧军舰，已经没有动力，拉到七八海里之外看不见现代建筑的地方，抛锚驻定，就是我们的片场了。一天突遇巨大的风浪，这艘没有动力的军舰真的就像一片落叶一样在大海中央随着波涛上下起伏，我们就像坐过山车一样，觉得这艘老军舰随时都会被颠散了。陈道明、陈宝国和我脸色都不好看，有几个女演员已经吓得哭起来，在大自然面前，人类实在太渺小了，生命也实在太脆弱。战士紧急向岸边求助，终于有快艇冒着风险前来搭救，我们才得以脱险。那个场景，至今想想都十分后怕，也让我对大自然充满了敬畏。

我的拍摄时间从1991年12月直到1992年1月，冬天的青岛，原本就寒冷刺骨，海面上更是冻得人浑身疼，而我要拍摄王国成跳海的镜头。拍摄地在港口，海水浑浊，看不清水下是否有障碍物，剧组也没有去探查，只是选好了景，指着那片海水，就让我们跳。国外的演员见状纷纷摇头，坚决不跳。可镜头必须要完成啊，我们虽然也心有畏惧，仍然要咬牙带头跳下去。站在岸边，看着海水，一阵风吹来，海面就像一个大冰箱，呼呼冒着冷气，随着海风扑到身上，就是一阵颤抖。心里不住地模拟着跳海的动作，一会儿开拍必须一条过，不能受二茬罪。

酝酿再久也是要跳的，导演一声“开始”，我心一横眼一闭就跳了下去，先是浑身一阵麻，紧接着就是刺骨的针扎一样的疼。听不见导演有没有喊停，手脚已经快要冻僵，我赶紧游出水面，一艘小舢板开到近前，我根本爬不动，他们把我拉了上去。抖如筛糠，我算是亲身体验了一把这个词儿，控制不住地颤抖，上牙床不住地磕着下牙床，咯咯作响，裹上军大衣也没用，好半天都说不出一个字，只在心里喊着：做演员太苦了！

本以为这场戏是最苦的了，没想到求助援军的那场戏更苦。那场戏的拍摄地点在河北怀来官厅水库，一月的怀来，滴水成冰，我要穿着单薄的水兵服装趴在泥水里，冰碴子都能直接戳到肉。苦就苦在我不仅要忍受泥水的冰冷，还要完成自己的表演。跳海咬一次牙就行，这场戏我重复拍了好多条。单衣被泥水浸透，岸边的风又尤其凉，冻得我口舌僵硬，好几次台词都说不清，觉得天下再没有这样受罪的戏了。不过表演的感觉倒是对，此刻我和王国成一样，全凭毅力苦撑着。

苦则苦已，电视剧《北洋水师》的播出还是引起了不小的轰动。著名历史学家戴逸先生称赞说：“《北洋水师》对历史题材的选择角度立意高新，人物评价和刻画客观公允，较之过去历史片有相当程度的突破，是一部思想性、艺术性都有一定深度的力作。”而很多年轻的观众看后爱国热情高涨，纷纷呐喊要造我们中国自己的航空母舰。看到一部电视剧能带来如此大的社会效应，我觉得这苦也吃得很值得。

1991年拍摄《北洋水师》时，我和陈道明。

导演冯小宁给我说戏。

1991年，《北洋水师》剧组合影。30年前的拍摄条件真是艰苦，但我很怀念那时大家的创作热情。

《四保临江》

《四保临江》是由中央电视台影视部、海军政治部电视艺术中心、白山市委市政府、临江市委市政府在1997年联合摄制的电视剧，是最早以陈云同志为第一主角拍摄的中篇电视剧，曾获1997年度第18届中国电视剧飞天奖三等奖。编剧王树明，总导演金韬。

全剧从新开岭战役胜利结束开始，主要反映1946年12月至1947年4月东北民主联军在极为艰苦的条件下，击退国民党军四次进攻，坚守南满根据地的历史事件。

1946年5月，四平保卫战失利后，我军主力撤退至北满休整，国民党杜聿明集团军向我北满根据地节节进逼。为解决后顾之忧，切断我东北与华北的联系，他们制定了“南攻北守，先南后北”的作战方针，于1946年10月中旬集中10万兵力向我南满根据地大举进攻。中共中央东北局做出决定，并经党中央批准，派中央书记处候补书记、东北局副书记、东北民主联军副政委陈云和东北民主联军副司令员萧劲光前往南满，组成以陈云为书记萧劲光、萧华为副书记的中共南满分局，以萧劲光为司令员、陈云为政委、萧华为副司令员兼副政委的辽东军区。12月中旬，在著名的七道江会议上，陈云分析了利弊得失，统一了大家的思想，做出了坚守南满的决策，并确定了以四纵为主力，地方武装挺进敌后开展游击战，以三纵和其余部队抗击敌人正面进攻的具体方针。在北满主力三下江南的配合下，陈云、萧劲光、萧华领导南满军民，克服种种困难，浴血奋战108天，击退敌人四次进攻，终于在1947年4月3日赢得了四保临江战役的最后胜利。这一胜利扭转了东北战局，改变了敌进我退的态势，使东北战场实现了战略性转折，为我军随后全面反攻和取得辽沈战役的胜利奠定了坚实的基础。

这是我与金韬导演的再次合作，我在剧中扮演一个国民党的俘虏兵田二贵。在一场战役中，国民党溃逃，受伤的田二贵被扔弃在战场上，解放军连长赵大山将他救下，送到前线医院，并且让出了仅有的麻药给田二贵做手术。赵大山是个孤儿，自小被未婚妻韩冬青的父亲收养，与韩冬青青梅竹马，定下婚约。后来战火纷飞，家乡被屠，参军的赵大山改了姓名，与家中断了联系。在前线医院，韩冬青其实就在场，但因为赵大山让田二贵先做手术，所以错过了与未婚妻的重逢。田二贵被救治后，按俘虏政策重新给予了他番号并委托韩冬青一家子代为照料。韩冬青与父亲以为田二贵是自己的同志，悉心照料。田二贵的身体一天天好起来，被韩冬青父女感动，坦白了自己的身份。经过一番纠结，韩冬青的父亲还是容纳了这位"遭殃军"。田二贵对韩冬青心生好感，尽自己所能照顾这个家。而韩冬青在长期没有未婚夫音讯的情况下，也被田二贵打动。田二贵下定决心要加入解放军的队伍，上前线与国民党决一死战。临行前，韩冬青把自己与未婚夫定情的那只银手镯送给了田二贵。参军后，田二贵恰巧就在连长赵大山的连队里。赵大山看见了那只银镯，才知道阴差阳错间，自己的未婚妻与田二贵互生情愫。他想去看望养父和韩冬青，却又不想破坏田二贵与韩冬青的感情。但真相终究藏不住，韩冬青与赵大山重逢了。赵大山与田二贵已结下了深厚的战友情，对韩冬青一再推拒。田二贵也践行对韩冬青的承诺：柱子哥一回来，他就退出，只做爹的好儿子。韩冬青夹在中间，左右为难。

田二贵这条故事线，是用来辅助陈云、萧劲光等同志领导四保临江这条主线的支线，不仅描画了解放军与人民群众的军民鱼水情，革命胜利离不开人民群众的支持，还用充满戏剧性的感情戏增添了整部剧的悬念和可看性，也用这条线将领导与基层的指战员、人民群众联系起来，降低了视点。

塑造田二贵这个人物，主要抓住他真诚、朴实、善良和勇敢的特点。除了他刚被解放军救下时的戒备和怀疑之外，剧中展现的都是他人性的光辉。面对韩冬青，他羞赧又勇于表达自己的爱慕，面对未来十分坦荡。面对赵大山，他充满感恩并与之惺惺相惜。得知赵大山就是韩冬青苦等的未

《四保临江》剧照。

婚夫之后，他为自己失落，却又为韩冬青高兴。他能在关键时刻坚定革命意志，与反动的亲哥哥针锋相对，并能在战场上奋勇杀敌，立功受奖。还是我这张脸，但与表演反派角色完全不同，眼神是正的，表情是憨厚质朴的，说话语气是深沉温柔的。

如最后战役之前，田二贵拿着韩冬青给他做的鞋去找连长赵大山的这场戏，田二贵的想法很单纯和直接，他觉得是自己的出现搅和了韩冬青和赵大山的姻缘，觉得自己对不住他们，所以他要把鞋“还”给赵大山。

田二贵：连长，这是冬青做的，给你吧。

赵大山：你这是干什么，这是人家给你做的嘛！

田二贵：我没这个命。这鞋我一直舍不得穿，现在就更没资格穿了，还是给你吧。

赵大山：二贵啊，你这是干什么！

田二贵：连长，这鞋，你还是收下吧。收下，我这心会更好受些。

赵大山：这不是来回推的事儿啊！冬青那是人家给你做的！

田二贵：你救过我的命，我却干出这种事来。本来你们好好的，全让我给搅和了。我要早知道这样，那我就……

赵大山：别说了。这事儿，说到头谁也不怪。我离开家这么多年了，我也没打算让冬青等着我。他们以为我死了，再也回不来了。我一直在想，冬青是不是已经嫁人了。二贵啊，冬青能把镯子给你，说明现在她心里装的是你，是我不该回来。

田二贵：连长，你可别这么说。那是你的家，他们一直都在念叨你。是我不该踏入那个家门。明天这一仗，干脆让我光荣算了，也算是你们一家没白救我。

赵大山：二贵，别这么说，你可不许死。你忘了吗，你曾说过，要给人家回去当儿子的！

田二贵：连长，你要是还拿我当亲兄弟，就当我什么话也没说。

说这些台词时，语气和表情都带有愧疚，但是眼神极为真诚，没有任何躲避，直视赵大山。田二贵愿意正视问题，并且觉得问题根源在自己，但他又想不到好方法，所以只能用“还鞋”和“干脆让我在战场上光荣了”来解决。其实这件事田二贵并没有任何错，韩冬青的情感也不是一双鞋，可以被推来还去，但以他的能力并不能认识到这样的层面。田二贵只能用他认为对的方法来处理问题。这就是这场戏的表演密码，抓准了，人物就对了。

田二贵并不复杂，只要深入角色，抓住田二贵每场戏的心理活动，那我就是田二贵，独一无二的田二贵，而不会让观众联想起我塑造的其他角色。我想，这才是一个合格的演员的成功。

《波涛汹涌》

《波涛汹涌》是由海军政治部电视艺术中心、中央电视台影视部联合摄制的16集军事题材电视剧，改编自朱秀海所著同名小说，是新中国成立以来第一部在电视荧屏上展示人民海军潜艇部队战斗生活题材的电视剧作品。全剧以当代人民海军潜艇部队从“保卫祖国海洋权益，打赢未来高技术条件下的海上局部战争”的战略目标出发，以穿行被视为“死亡水道”的“郑和水道”的情节为背景，以新老两代潜艇军人的情感命运为主线，从历史和现实的角度，揭示了新中国人民海军军人不变的追求，和他们面向21世纪走向海洋的精神状态，以及丰富多彩的军旅生活。

电视剧《波涛汹涌》荣获解放军文艺大奖、金星奖一等奖和第21届中国电视剧飞天奖长篇电视剧二等奖。周振天不仅是编剧之一，还是导演之一。我除了担任电视剧的制片主任以外，还在剧中扮演退休的潜艇政委施连志。

“郑和水道”是关系到我国外海安全的重要通道。23年前，中国海军潜艇800艇在试图打通郑和水道时遭遇罕见又危险的“海底断崖”，800艇艇长东方瀚海将生的希望给了政委施连志，自己与潜艇一起牺牲在这片海域中。部队就此事故发起调查，施连志并不清楚潜艇失事的确切原因。作为唯一的幸存者，他遭受了不公平的待遇。东方瀚海成了反面教材，而东方瀚海的妻子因这个剧烈打击，在生下女儿后也与世长辞。施连志将这个孤女接回家中，视如己出。23年后，“郑和水道”的打通势在必行，迫在眉睫，800艇的事故原因调查又被重新启动。施连志恐怕养女得知自己的身世而承受不了，起初对此采取排斥的态度。后来为了国家利益和战友的遗愿，他揭开自己的伤疤，再次将800艇失事的材料整理好交出，配合年轻海军代表江白的调查，通过高科技终于还原了事故经过，搞清楚了海底断崖的情况，带领着新一代的海军向“郑和水道”驶去。

在剧中，施连志的戏不多，人物却十分复杂，与我之前演过的所有角色都有很大的差别，所以对我既是挑战又是吸引。

首先的挑战就在于年龄。拍摄的时候，我刚年过不惑，而施连志是一位50多岁的老政委，怎样把握中老年退伍军人的外形特征？我想到了父亲，特意回家去，仔细观察他的一举一动，体会他的心态。发现老年人的目光不像年轻人那样精神，行动也要缓慢一些，就像关节缺乏润滑一样。

第二个挑战在于性格。施连志是一个非常压抑的人，内心有很沉重的思想包袱，而我是非常活泼开朗的性格，与施连志反差极大。为了找出这种压抑的情绪，我每次开拍以前都把自己带到特定的场景中去，心里总想一些不愉快的事情，到了现场也不和别的同事说话，单独一个人坐在一边去想戏里施连志那种内疚的情绪。这样在开拍时，就能更好地去表现这个角色了。

怎样表现他内心深处的性格内涵，是演好施连志的关键。为此，我抛开了以前所有的表演经验和方法，沉下心去了解人物，深入人物，去体会人物所处的外部环境和内心世界，将施连志所需要的情感、状态由内而外地表演和抒发出来，而不是简单地外部模仿。每场戏之前，我都要分析人物的走向和内心，再与导演交流一下心得，以期准确把握角色。有几场老泪纵横的感情戏，我完全和角色融为一体，直到拍完了，还沉浸在悲伤的情绪中无法走出。

我还为施连志设计了一些特有的动作和细节，去外化他的内心波动。如当施连志得知有人要来重新调查当年舰艇事故时，内心很焦虑，送走来访者后，我用回头瞻望这个动作，来表现施连志当时忐忑不安的情绪。其实在剧本中这场戏除了台词和场景的说明外，没有关于表演的提示和设计，这是我基于对角色的理解而设计的，让人物复杂的心理状态通过一个简单的动作就能准确地表现出来。

又如，女儿白雪回到家，跟施连志提起有人向她询问东方瀚海，我在

剧本中看到这个情节时，就在想用什么动作可以表现出施连志那种紧张焦虑的心情。开始我打算仅仅靠人物的面部表情来表达，可是在前期的试拍过程中，发现这样表现得不是很形象。回去后我又仔细地琢磨了剧本，决定让施连志在听到有人询问东方瀚海之后，双手一抖，手中西瓜落地，以外化施连志当时的复杂心情。导演看完之后感觉这个动作设计得很好，还特意给了掉落的西瓜一个特写镜头。

施连志是英雄吗？虽然是在和平年代，他没有牺牲在800艇内，但是他忍辱负重，为了东方瀚海的遗孤，为了战友们牺牲的真相，努力地活下来，咽下所有委屈，或许不如程婴救孤那样悲壮酷烈，但有着一样的高义。他或许不是在战火硝烟中挺立的英雄，却是在生活中承受重压的好汉。

《波涛汹涌》剧照，我饰演的施连志性格内敛忍辱负重。

大人物

所谓大人物，有贡献之崇高，也有品行之伟大。我演了很多大坏蛋，演大人物的机会却不多，所以一旦遇到，分外珍惜。

《三国》

2009年，高希希导演邀我去家中，递过来厚厚一沓剧本，让我看看庞统这个角色。原本看到《三国》二字，心中还是一阵惊喜。三国之中，群雄并起，各有峥嵘，随便一个人都不是简单的小角色，加上这样大制作的经典重拍，可遇不可求。还在憧憬自己演的会是谁呢，一听庞统，不禁又有点失望。

确实，三国里没有小人物，庞统更是鼎鼎大名的凤雏，《三国演义》中仙风道骨的水镜先生列举天下谋士排行榜时，曾说：“伏龙、凤雏，两人得一，可安天下。”能与诸葛亮齐名，这样高的评价，可见庞统也是汉末乱世中谋士的“天花板”了。然而在《三国志》中也好，在《三国演义》里也罢，这位庞统庞士元并没有得到应有的“戏份”。当诸葛亮已经成为刘备麾下首席谋士时，庞统还在江东郁郁不得志。虽然是他给曹操献了连环计，成为周瑜在赤壁之战中取得胜利的关键一环，但是功不可没的凤雏后来在投靠权贵时屡屡碰壁。《三国演义》第五十七回，公谨死后，鲁肃荐之于孙权，但“权见其人浓眉掀鼻，黑面短髯，形容古怪，心中不喜”，终不见用。后投靠刘备，“玄德见统貌陋”且“长揖不拜”，“心中亦不悦”，如果不是张飞的私访，凤雏恐怕也只能另谋出路了。好容易让刘备知道了自己的才学并被委以重任，在进取西川时庞统也给刘备出过上中下三套谋略，但在半路就命丧落凤坡，年仅36岁。这位凤雏还没来得及展翅，就草草落幕，并且还是因他“贪功冒进”。这与多智近妖的诸葛亮简直天壤之别，既无丰功伟绩又乏奇才异能，何以能“得一可安天下”？

“导演，你是不是看我长得丑，才让我演庞统？”

“那你不好看也是事实啊。不光因为丑，还因为你会演。”

“但是庞统总共也没什么戏啊。”

“1994年版的《三国演义》完全尊重原著，人物太多，所以对庞统用的笔墨不多，没有伸开腰。这版不同，你看看剧本就知道了，庞统绝对是个大人物。”

于是我将信将疑地看起了剧本，越看越带劲，导演确实没有骗我，这版庞统是名副其实的“凤雏”。

首次亮相，是在卧龙吊孝这个名场面，众人刚被诸葛亮字字泣血的悼文感动得悲伤不已，忽然其貌不扬的庞统喝得醉醺醺地站起来大声出言不逊：“刚才是谁在那胡说八道啊！赤壁之战，谁说全仗着周瑜之谋了，周瑜又有何谋略啊。赤壁之战那是我的谋略，要不是我献连环计，曹操能把战船连在一起吗？如果曹操不把战船连在一起，周瑜如何火烧连营啊？棺中此人，器量狭小，难成大事。虽然也号称一代名将，打的败仗也有一箩筐。赤壁之战，他有何功劳。那是我庞统献的连环计，才决定的胜负。”一出场就是惊雷，这样恃才傲物，这样桀骜不驯，炸得满堂吊客要对他群起而攻之。可诸葛亮太熟悉他了，吊孝一结束就追出去，在小酒馆找到他，劝他去投刘备。此时庞统其实对这些所谓“明主”心灰意懒，并没有答应。鲁肃怕诸葛亮抢人，赶紧向吴国太引荐庞统。然而大闹灵堂的事情早已传开，吴国太连见都不见。一怒之下，庞统干脆独自前往荆州。为了验证刘备是否为诸葛亮口中的明主，他化名龙广前来应召贤达。刘备以貌取人，决定只委任他为耒阳县令，以观其才学。庞统内心失望，又未出他所料。到耒阳上任百日，天天醉酒，不理政务。张飞查上门来，他满不在乎，“区区百里小县，能有何政务？”于是当着张飞和孙乾的面，将累积的百日公务顷刻处理完毕，让张飞惊叹不已，

方知怠慢了大贤。速报刘备，刘备星夜来到耒阳县衙，亲自为庞统沽酒，而庞统道：“刘皇叔，你以为一壶酒，就可以弥补一颗已经被伤过的心吗？”这句台词，完全是现代语言了，可表露出的嘲讽和清高，又很“庞统”。刘备知道自己失误了，百般挽留。奈何在庞统看来，天下明主都不过尔尔，执意要走。临别，刘备将自己的坐骑的卢马亲自送给庞统，这一举动才真的打动了他。庞统策马而去，又扬鞭而回，将马还了刘备，也将自己的忠诚交给了刘备。也是从这里开始，剧本对庞统的刻画与1994年版《三国演义》有了变化。

首先，此次剧本花了大笔墨去仔细交代庞统与张松之间的联动。他将献图不成的张松半路劫到刘备这里，劝服了张松将西川的地图献给刘备并给刘备做内应。他让张松劝刘璋迎刘备入西川，以抗张鲁。刘备苦于师出无名时，又是庞统使了离间计让刘璋杀了张松并对刘备发兵，逼得刘备反抗。每一步都体现了庞统过人的谋略，以及用计的老辣。

其次，在为刘备谋取西川方面，又仔细写了庞统的苦心孤诣。刘备率军入川，刘璋力排众议，决定出城相迎。刘备大营中，法正和庞统建议刘备涪城相会时趁机擒拿刘璋。刘备拒绝，因为此计未免有些不仁不义。庞统不胜惋惜，不惜违背主公意愿，暗中安排将士在席上刺杀刘璋，可惜还是被刘备制止，并向张任表示决不做不义之事。刘备帮助刘璋击退张鲁后，刘璋对其日渐怠慢。庞统早就看清了刘璋的目的，建议刘备速取西川。刘备终于借酒吐真言，他想取西川建立功业，可取西川与他以仁立身的原则相违背，水火不容。看着痛苦的刘备，庞统在心中做了决定，郑重地对刘备说：“我一定让主公水火兼容，师出有名。”这段情节的描写，就将庞统在取得西川过程中的重要作用交代得很清楚。因为有这些谋划和重要作用，庞统才是能与诸葛亮并驾齐驱的大军师。只不过他与诸葛亮不同，他用计，更为“目的至上”。为了达到目的，为了用最少的代价去达到目的，他可以不顾忌任何仁义道德。但既然刘备为仁义所累，那身为谋士，他就必须为主公解决问题，哪怕要他“士为知己者死”。

这版剧本中对庞统的描写最有创新和突破的变化之处是落凤坡。不论是小说还是电视剧，庞统命丧落凤坡的原因都归结在他“贪功冒进”，这让观众为之扼腕叹息的同时，不免也会疑惑，能与诸葛亮齐名的庞统，怎么会死得这样轻飘飘？新版剧本对此做出了重新解读。庞统早就料到落凤坡会有埋伏，他是故意问刘备要了的卢马，故意甩下魏延一马当先去钻那个埋伏圈，为的就是让刘璋杀了自己，这样就能让刘备摆脱“仁义”的桎梏，师出有名，去讨伐刘璋，夺取西川。这样的改编，不仅合情合理，还升华了庞统的人物形象和精神内涵。他颤巍巍从怀里掏出那封沾满鲜血的帛书，在阳光下显得金光灿烂，这位声名显赫的凤雏也终得圆满。

看完剧本，我已经对塑造这样一位庞统有点迫不及待了。案头工作做得越详细完备，我对这个角色就越有信心。等到我穿上庞统的服装，梳一个松散的发髻，半披着头发，手拿酒壶站在周瑜的灵堂上时，已经就是庞统了。高希希导演对我的表演也很有把握，他几乎不用说戏或启发，由着我演。其实每场戏的关键点也好抓，大闹灵堂我要表现出庞统的轻狂和张扬，面对诸葛亮的劝说要表现出清高和心灰，初见刘备时是试探，在耒阳县衙里则是要突出潇洒和举重若轻。刘备挽留时，我的台词语气要有孤傲。手上接过的卢马的缰绳时，要通过表情神态表现出凤雏从决意要走，到动摇，再到下定决心辅佐刘备的心路历程。此后，庞统正式从狂生转变为真正的凤雏，一位合格的大军师。分析时局时成竹在胸，劝说刘备时感佩又无奈，用计时果断又狠辣。

重中之重的戏在落凤坡。庞统找借口向刘备要了的卢马，无比郑重地向刘备拜谢，语气深沉地说：“多谢主公大恩，庞统万死不能报！”这句话明着是谢借马，实则是庞统对刘备的最后告别，他就要去落凤坡了，就要以死去报刘备的知遇之恩，所以要说得意味深长，蕴含的感情要层次丰富。刘备都听出了有点不对劲，这里我用了一声仰天大笑，岔过了刘备的疑问，又表现出庞统的豪迈和慷慨赴死时的大义凛然。来到落凤坡，我仔细在山中寻找伏兵。当看到真的有埋伏时，我脸上露出了笑容。“我道号凤雏，此处偏偏叫落凤坡，看来，这是上天赐我的葬身之地啊！”说完大笑。虽然迎接的是如雨般的箭镞，但这是

2010年播出的电视剧《三国》中我饰演凤雏庞统，高希希导演这一版《三国》确实用了很多镜头细节，揭示了这位和诸葛亮齐名的顶尖谋士非凡的智慧和才华，当然也确实让我耗费了不少脑细胞去仔细研磨人物。

身为一个谋士的成功。他在此实现了自己的追求和价值，所以笑得极为畅快。

一切答案，都在庞统留给刘备的帛书中。这封信由我用画外音念出，需注意语音和节奏的控制。

“主公，张松是我出卖的，目的就是逼刘璋对主公动手。”这句是冷静的陈述语气。

“主公不是担心出师无名吗？现在主公出师有名了。”这句是身为军师的欣慰。

“刘璋恩将仇报，在主公退军路上设伏，并杀死了你的军师，主公以此为名攻取西川，足以说服天下人了吧？足以说服主公自己了吧？”这段的逻辑重点要放在最后两个问句上，这是军师对主公的成全，也是一个知己对刘备的推心置腹。

这样处理台词，加上刘备的潸然泪下，将庞统的悲壮推到了顶峰。

表演并没有太大难处，穿上古装的宽袍大袖之后，行、动、坐、卧以及手势、眼神都有特殊的要求，这对有戏曲表演功底的我来说也不在话下。这部戏的考验在别处。

第一个考验是台词。历史剧的台词不好背，经常有大段的半文半白。这部剧的拍摄还采取了同期声，对台词的准确和情感的到位要求就更高了。演员必须下功夫，每一段台词我都标注好断句、气口以及逻辑重音，拍摄间隙除了分析人物、设计表演以外都是在背台词。

第二个考验就是古装戏的服化道。这部戏的拍摄周期很长，我的拍摄时间就有九个月，跨了三个季节，粘上头套，穿上十几斤重的衣服和盔甲，赶上夏季时，真是苦不堪言。

第三个考验是骑马。在《三国演义》的原著里，刘表谋士蒯越认为的卢马“眼下有泪槽，额边生白点，名为‘的卢’，骑则妨主。”但也是的卢背负刘备马跳檀溪，成了救主的名马。之后刘备将此马赠予庞统，结果庞统骑着的卢被乱箭穿身。戏里这样，没想到在拍摄中这匹大白马也会区别对待，于和伟骑着它时一点事儿没有，轮到我骑时，它就摔了我两次。一次是平地把我摔下来，莫名其妙；第二次把我摔下来，差点要了我的命。

那是拍落凤坡这场戏时，我骑着它正常往前走，不知怎么了，这马忽然就嗷的一声长嘶，紧接着就想摔我。旁边的工作人员也吓一跳，纷纷喊着“夹紧！夹紧！”我本能地夹紧了马肚子，使劲勒着缰绳，咬牙坚持着不敢撒手，但这匹马犯了病一样疯狂地甩我，最后到了一处山崖边，我手中的缰绳生生断裂，断的那一瞬间震得马使劲一拱一跳，就把我扔下了山崖。眼前的世界急速旋转，我只能抱着头，不受控地向下翻滚，眼睛一闭，心想完了，要交待在这！过了没几秒，我重重地撞上了什么东西，脑袋直接磕在石头上，嗡的一声。好半天，我才缓过这口气，晕晕乎乎间，搞不清自己是死是活。动动手，手上还有那半截缰绳，还行，命还在。这时，才感知到浑身上下的剧痛，动弹不得。扭头向上看看，都是树和乱石，我滚下来有十几米，剧组的工作人员正站在崖边焦急地大呼小叫。再扭头看我撞上了什么，不由得感谢老天爷，原来是三块大石头围成了一个石窝子，我刚好滚进来，才捡回来这条命。

剧组把我救上去，检查伤情。万幸这场戏庞统穿着盔甲，我肚子没让树枝扎烂，脑袋也是皮外伤，有没有脑震荡就不知道了，但是腿伤得很严重，膝盖已经肿起来。导演问：“你还能拍吗？”全剧组都在等着这场戏，牵一发动全身，我试着让人扶着站起来，腿虽然疼得厉害，但好像骨头没断，应该还能坚持。“你让我缓缓，再接着拍。还有，给我换匹马！”

落凤坡，庞统舍生取义，死得悲壮。而我杜旭东，也用命去体验了一把“人物”，在腿上留下了终身的伤。电视剧《三国》播出以后，反响很好，获奖很多。我没想到自己塑造的庞统会受很多年轻人的喜欢，他们至今都叫我“凤雏先生”，足以证明这个人物是鲜活的、有华彩的。所有的惊险和艰苦，也都值得了。

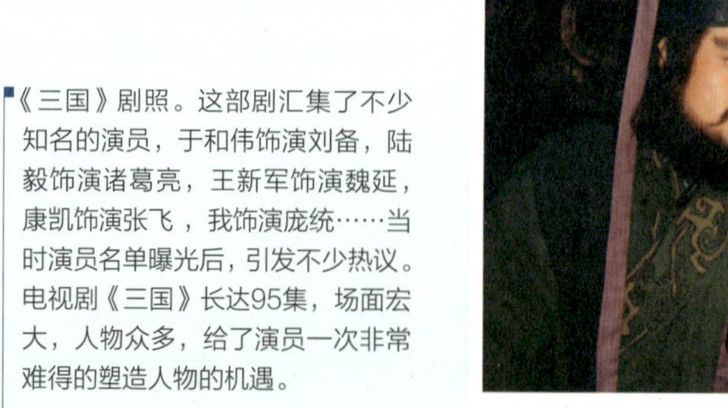

《三国》剧照。这部剧汇集了不少知名的演员，于和伟饰演刘备，陆毅饰演诸葛亮，王新军饰演魏延，康凯饰演张飞，我饰演庞统……当时演员名单曝光后，引发不少热议。电视剧《三国》长达95集，场面宏大，人物众多，给了演员一次非常难得的塑造人物的机遇。

《震撼世界的七日》

《震撼世界的七日》是上海文广新闻传媒集团和中国电视剧制作中心、海润影视、原成都军区等联合摄制的14集纪实系列剧，以四川汶川地震中涌现的英雄事迹及感人瞬间为素材，以时间顺序讲述汶川大地震发生后7日内震撼人心的故事。汶川地震发生于2008年5月12日。仅仅8天之后，5月20日，这部剧就宣布开机，是名副其实的纪实剧。44位演员、数千名群众一起投入拍摄，所有演员都做到了“三不”：不收报酬，不计较角色大小，不谈吃住待遇。

当我们站在余震不断的断壁颓垣中时，四周不时响起哭喊声，空气中弥漫着一股腥臭味，连口罩都挡不住，那惨况实在让人揪心难过，每天看新闻都会流泪。所有人都想尽自己的能力去帮灾区人民共渡难关，不仅捐款、出力，我作为演员还要把这部电视剧拍好。

我在剧中饰演中学教师邓伯龙。镜头不多，教师的身份也很平常，但就是这位普通的中学教师，在地震来临时，扑在三尺讲台上，以自己的身躯为躲在讲台下的四个学生撑起了一片生存的天空。我带着深深的崇敬去饰演邓伯龙，我要让全国人民都知道他，要用最真实的表演向伟大的人们致敬！

剧集开始于地震发生之前的一小时，邓伯龙的第一个镜头是他走在奔向教室的学生们中间，戴着眼镜，夹着书本。学生们嘀咕着“邓老师的课你要是迟到就完了”，说明邓伯龙是一个让学生害怕的严厉老师。可他走在奔跑的孩子们中间时，脸上充盈着欣慰又温暖的笑意。一个镜头，就能点明邓伯龙是一个爱学生的严师。走进教室，先摸摸黑板，又摸摸讲台，检查学生们有没有擦干净。有调皮的男生接话茬，邓伯龙毫不客气地将他叫上讲台罚站。果然是个严厉的老师。可这位严厉的老师在地震来临时，第一时间指挥学生们撤出教室。当看到四个孩子躲在讲台下有危险时，他毫不犹豫地扑上去，用自己并不高大的后背挡住了轰然倒塌的钢筋预制板。

拍摄时，砸在我身上的是道具，是用泡沫做成的预制板。即便如此，又厚又大的一整块道具砸到脑袋上也疼得很，可想而知当时的邓伯龙是承受了多大的痛苦，又是对学生有多深沉的爱，才让他至死都硬挺着没有让墙体倒在学生们的身上。

营救开始，邓伯龙被从废墟里救出来，却已经失去了生命。被抬到广场上，盖上白布，邓伯龙的妻子见状哭泣。原本，这是最简单的镜头，我只用闭着眼睛躺在那里，什么也不用干。可没想到，这成了我的职业生涯中最难挨的一个镜头。

我躺着的地方，不是剧组搭出的景，而是那个真实的刚倒塌没几天的中学。在地震中，这个中学死了1000多个学生。不远的篮球场上，就摆满了盖着白布的尸体。家长们都哭到虚脱，歪倒在孩子们身边，神情木讷哀戚。

这里原本就笼罩着浓重的悲伤，身处其间，已经要闻者落泪了。饰演邓伯龙妻子的是一个演技特别好的女演员，台词也写得悲切感人，那真是声声血泪，我躺在那里，紧闭双眼也阻止不了眼泪顺着眼角流下来。

导演喊了停："你已经死了，怎么能哭呢？"

作为一个老演员，这道理当然知道，可是我试了好几条，都控制不了自己的情绪。只要演对手戏的演员一开始哭泣，我就会流眼泪，伤心得不能自已。

这是我做演员以来，从未有过的状况，后来我放弃了，认输，对导演说："单拍吧，不然这个镜头我实在完不成。"

因为邓伯龙而没完成一个演员应有的基本表演，我觉得不丢人。

《震撼世界的七日》剧照。

汶川地震题材的电影《前方后方》剧照。

身处大地震现场，才能更深刻地体会到那场浩劫的严重和悲痛。

汶川地震题材的电影《前方后方》剧照。

平凡人

不论坏蛋还是英雄，总是少数人。这世间的芸芸众生，大多还是平凡人，有着平凡人的七情六欲，图奔着平凡人的柴米油盐。而这熙熙攘攘的人群，这纷纷扰扰的俗世，正是艺术创作最充沛的源泉，是最“有戏”的所在。

《有话好好说》

电影《有话好好说》是张艺谋导演的作品，以都市喜剧的方式讲述了青年赵小帅追求漂亮姑娘安红的疯狂过程。这部片子的拍摄风格很独特，镜头一直跟着人走，不断晃动，有评论说，这是为了将城市人内心的不安和冲动表现出来。

1996年6月，我正在电视剧《天津卫》剧组拍摄，《有话好好说》剧组的副导演申学斌忽然找到我，说：“张艺谋导演在北京拍个现代戏，拍了一阵子了，有个民工的角色老选不中，有人推荐你，导演就叫我来接你。”我挺意外，能和张艺谋导演合作可是难得的机会，但这边剧组得请假，好在听说戏不多，两三天就行。《天津卫》的导演很通情达理，一听我可能和张艺谋导演合作，也乐意成人之美，将我的戏往后调了调，我便立刻赶回了北京。

剧组住在丰台的公安宾馆，我穿着军装站到了张艺谋导演面前。他显得有些意外，上下打量了我半天，语气带着疑问：“你还是当兵的？”我点点头：“对，我是海政的演员。”他更惊讶了：“哟，我真是没想到，海政还有你这么个宝贝儿啊！”看得出他挺高兴，“咱们这个戏啊，是个尝试现代拍摄手法的戏。里头有三个民工，戏不多，但有彩儿，我自己演一个，赵本山演一个，剩下一个选了半天没有合适的。这样吧，你跟我来剪接室，我和本山的戏都拍完了，你先看看。”

看了导演和赵本山的戏，我乐得眼泪都出来了，对这部电影的拍摄基调也有了了解。导演让我去试服装。换完衣服，制片主任走进来，看见我就乐了，冲导演说：“怎么着，实在找不到扮演民工的了，你找了个真的来？”众人一听全笑了。导演拍了板：“就你了。你和姜文去弄弄剧本，我觉得本子还是有点啰唆。你俩自己研究，怎么合适怎么来！”

我和姜文把剧本精简了些，完全按照民工的口吻，台词就显得接地气多了。开拍前，导演说：“三个民工，我说陕西话，本山说东北话，你会什么方言？”我学了几句沧州话，可是河北方言的特点并不是很鲜明。“河南话我也会。”说完我用河南话说了几句台词，导演同意：“就这样拍！”

第一个镜头，是在立交桥下头，那是民工趴活的聚集地。小姜去那想找个能帮他喊话的民工：“谁的嗓门大？”就有人把我推到了他跟前。

这是一个地地道道的民工，从乡下到城里，到处找杂活，只要给钱，他什么都干。小姜跟他谈好价格，他满脸憨厚地笑着说：“中！”小姜又要他喊一声试试看，他接过扩音喇叭，也许是太高兴了，这么轻松的活儿那得势在必得，冲着那一片民工使尽了浑身的力气，大声喊出了他最熟悉的那句词：“警察来了！”没有任何防备的民工们听到这一嗓子，立刻慌作一团，四处奔逃。

这场戏看似简单，但我第一次和张艺谋导演合作，心里终究有点把握不准。导演很尊重并注重保护演员的情绪，启发我说：“你的形象已经很像民工了，不要再去演，一点表演痕迹也不要，要真实。既要把这个民工为了挣钱很乐意很踊跃积极的一面表现出来，又不能演成油头滑脑的二流子，一定要掌握好表演分寸，你没问题的。”

有了导演的明确指示和鼓励，我就知道表演的方向了。姜文是一个很优秀的演员，他的表演非常自然松弛，对我也是一个刺激和带动。一开拍，我们俩就进入了生活情境，完全不像是在演戏，第一场戏拍得十分顺利。

第二场戏就是观众印象深刻的“喊话”了。这是重场戏，需要一个长

《有话好好说》剧照和工作照。这部电影我参加拍摄的时间虽然不长，但能强烈地感受到张艺谋导演剧组所有工作环节衔接上的严谨和默契。

镜头完整地贯穿下来。我和姜文反复地对词走位置，希望每一条都能拍得准确流畅。戏一开拍，就是我一句接一句地喊话：“安红我想你……安红我想你……”声音洪亮，与张艺谋演的那个收废品的完全相反，他是扭扭捏捏不好意思，我是放开了嗓子喊得大大方方。喊了几声之后，小姜说：“你喊我想你想得睡不着觉！”我毫无迟疑，拿起喇叭就喊：“安红，我想你想得想睡觉！”小姜急了，蹦起来踹了我屁股一脚。我没急也没恼，还是回头憨厚地冲小姜笑。这就是符合人物的反应和行为，他是个朴实的民工，觉得自己的活儿没干好，喊错了，被踹一脚也应该，自己还有点歉意，便主动提出先练练再喊。谁知道练时全对，拿起喇叭就喊错，越喊越乱，最后没办法只能一句一句地喊：“我睡不着觉！我睡不着觉！”

这段戏，如果把握不好，就会给人一种装傻充愣故意喊大尺度词儿的感觉。因此，我在表演时一定要通过语言、动作和眼神，表现出民工小个子“憨”的特点。

这场戏拍完后，姜文指着我对张艺谋导演说：“今天我俩这场戏搭得不错，很好，挺过瘾！”只听导演说：“走，咱们吃生鱼片去！”看得出导演也很满意，我更是满心的成就感。

电影《有话好好说》在北京电影学院首映，现场笑声不断，反响十分热烈。我坐在观众席，回想拍摄时并没有觉得这段戏有这样的幽默感，现在看着大银幕上的自己，却和周围的观众一样笑得前仰后合。不得不感叹，电影真是导演的艺术，张艺谋导演的艺术造诣实在是高。也正是这部戏，让我切实体会了何谓“只有小演员，没有小角色”。

人物再平凡，角色再小，戏再少，通过一位优秀的演员的表演，也能焕发华彩，让观众记住好多年。

《别拿豆包不当干粮》

电视连续剧《别拿豆包不当干粮》是一部农村贺岁喜剧，集合了潘长江、方青卓、李琦、邵峰等众多喜剧演员，讲述了村长赵喜富带领郭峪村的村民一起奔小康的故事。电视剧于2006年1月在中央电视台一套黄金时段播出，在春节期间给广大观众带去了欢笑，也引发了思考。

郭峪村是个保留了很多明清风貌的古村落，风景很好，年轻人却都外出打工去了，留下的老人没有劳力，女人们忙于打牌，孩子都顾不上管。这些问题，干了30年老村长的刘有财都看在眼里。村委会换届选举时，他虽然舍不得，却也愿意让年轻有魄力的人当这个村长，改变郭峪村的现状。老村长破天荒让大嘴叉子查宝库在村广播里代他说了半天话，村委治保主任何老贵敏锐地察觉到老村长想退位的心思，不由得蠢蠢欲动，对村长一职志在必得，又怕自己势单力薄，就邀请一直在城里据说干下了大事业的舅侄赵发来帮他。结果赵发自己上阵，正式参加竞选。被逼无奈，何老贵只好退而求其次，想先帮赵发当选，再方便为自己谋福利。可他们谁都没想到半路杀出个程咬金，老村长和大多数人属意的候选人是村里的首富赵喜富，那是老村长打小养大的孩子，人品头脑都没问题，就是不愿意出头，只想闷头过自己的小日子。经过一番明争暗斗之后，最想当村长的何老贵和赵发铩羽而归，最不想当村长的赵喜富赶鸭子上架，坐在了村委会的办公室里。既然坐在了村长的位置上，赵喜富就得对得起老村长的信任和全村人的期望。他禁赌、找项目，又是张罗女人们干副业，又是带着大家学电脑养宠物猪。何老贵一直怀恨在心，带着赵发不断地搞破坏。赵喜富带着大嘴叉子不断迎难而上解决问题，最终带领全村人利用文化遗存办旅游，迎来欢乐美好的结局。

我在剧中饰演大嘴叉子查宝库。这个人物，出场时很像一个反面角色，住在村委会里，对老村长点头哈腰，为他端茶穿衣，口若悬河就像抹了蜜，

《别拿豆包不当干粮》剧照。

极尽谄媚之能事，真不愧“大嘴叉子”这个雅号。但是随着情节的铺展，查宝库这个人物的可爱就逐渐显露出来了。

他对老村长虽然谄媚，但是完全出于真心，因为他当年独自一个人流浪至郭峪村，是村长刘有财收留了他，不仅给他吃穿，还让他住在村委会的办公室里，让他有了一个“家”。查宝库真心敬爱着这位老村长，不舍得他退任，但是刘有财觉得赵喜富更能胜任村长一职，那查宝库就坚决站在赵喜富这边，不遗余力地帮助他工作。

他看似憨傻，其实最聪明。面对何老贵和赵发的“游说”，他能“诈降”，打入“敌人内部”，实则是为了帮助赵喜富。

他喜欢刘巧，对感情非常忠诚专一。半夜听到打雷，蹦起来就往刘巧家去要帮她收粮食，关键时刻一声“巧儿，我来了”，代表的是安全感，更是一颗真心。他一直在努力。刘巧喜欢踏实肯干的男人，他就勤勤恳恳地帮助赵喜富工作。刘巧喜欢有担当和责任心的男人，他就勇敢地独自去城里为村民追讨被骗去的款项。为了获得刘巧的芳心，他什么都能置之度外。

他有明确的是非观，极为善良，笑话是闹了不少，但没有做过一件坏事。

但他是一个活生生的人，有正面，也会有负面。

他有虚荣心，所以经常躲在刘有财身后狐假虎威，自诩村委会候补委员。

他非常在意自己能否在村委会里继续住下去并“待遇照旧”，所以想要在老村长和即将产生的新村长之间左右逢源，结果就像个两面派。

和村里那些游手好闲的妇人在一起搓麻串闲话的时候，他的形象也不甚光彩。

但正是这些优点和缺点，让查宝库跟观众的心理距离变得非常贴近。这是一个从生活中来的人物，甚至可能是村里常见的“大多数”，所以他能打动人心。

这部剧是贺岁喜剧，可以放开了演，夸张也无妨，所以我的面目表情和肢体动作“大”了些许，有些镜头的处理更像喜剧小品。如怂恿老村长“拿范儿”，陪着他在村中小路上走台步一样慢慢踱着，气势十足，又透着装模作样的好笑。最夸张的一场戏，是查宝库误食了添加兴奋剂的鸡饲料，半夜三更光着膀子穿个大裤衩子画着红脸蛋发了疯一样转着圈地敲大鼓。按照疯魔那样演，在别处肯定被认为是“洒狗血”，可在这个剧里，在这个戏剧情境中，符合风格、符合人物的表演，就是对的表演。

但毕竟这是一部反映农村生活的电视剧，不能都是夸张幽默，还是要贴近生活，才能真实，不然就成了闹剧。所以为了演好查宝库，我还仔细观察了村民的日常生活。查宝库说话的时候，手总是爱摸着肚皮，显得有些憨傻，这就是我从观察中学来的。戏中还有好几场是查宝库越俎代庖在村广播里讲话，剧本里是长长的词儿，原本我还想按照真的演讲那样去断句，强调逻辑重音，可总觉得味儿不太对，不像是大嘴叉子在说话。我找不到头绪，干脆找了一位村民来读这段词儿，结果村民念的时候并没按照稿子中的逗号、句号来断句，而是按照自己的理解和气息需要去停顿，去加减字词，会夹杂很多“嗯啊这是”的虚词，来营造所谓“领导发言”的语气，他有自己的“抑扬顿挫”，跟我理解的“抑扬顿挫”完全是两码事儿。受他启发，我把发言稿重新标注了逻辑重音。大嘴叉子念稿是为了过领导的瘾，所以他的逻辑重音都在表露自己“身份”和“权利”的词句上。如“各家各户注意了”，如代表村长发号施令或者训人，这样一来，大嘴叉子的嘚瑟劲儿就活灵活现了。

大嘴叉子有很多缺点，但他是一个本性善良憨厚的农民，表演上就要把握精准。都是农民，都有缺点，《种啥得啥》中的林老三让人恨，大嘴叉子却让人爱，除了行为、剧情和人设以外，还因为表演因人而异，因为林老三的眼神里有坏，而查宝库的眼睛里最多只会泛起狡黠的光芒。

我演过不少农村题材的电影和电视剧，在青山绿水间拍戏，见证农村的生活一天天变得更好，真是很令人高兴的事。

《天山儿女》海报。到现在为止，这部微电影获得国际、国内奖项46个，王益民导演和他年轻的团队很厉害啊。

《天山儿女》

《天山儿女》由年轻导演王益民执导，原本只是能源企业神华集团打造企业文化、塑造企业形象的一部微电影，却获得了美国“2015国际独立电影奖”最佳短片白金奖、最佳导演白金奖；“印度尼西亚国际电影节”最佳影片奖、短片钻石奖、年度最佳导演奖；“欧洲万像国际电影节”最佳新锐导演奖；德国“柏林华语电影节”最佳短片奖、短片最佳编剧奖；第三届亚洲微电影艺术节“金海棠奖”最佳作品奖、最佳导演奖、优秀原创音乐微电影奖、优秀男主角奖、优秀男配角奖；“加拿大第三届金熊猫北美国际微电影节”网络最受欢迎微电影奖；“第五届北京国际微电影节”评委会大奖、最佳导演奖；第三届“中国平遥微电影节”最佳影片奖、最佳导演奖、最佳策划奖；“2015海峡国际微电影节”最佳人文奖；柏林华语电影节最佳短片；“2015第二届厦门国际青年微电影节”最佳男主角奖；“首届中国公益微电影节”优秀影片奖；“第二届全国职工微影视大赛”金奖；“中国梦影响力”第三届中国（武汉）微电影大赛特殊贡献奖；“金鹤奖”最佳故事片提名、最佳编剧提名、最佳男主角提名；第八届海峡论坛海峡影视季“最暖心微电影”奖；“2016中国（威海）国际微电影盛典”“金贝奖”最佳剧情片奖、最佳导演奖；“中国·潍坊(峡山)金风筝国际微电影大赛”评委会大奖、十佳导演奖……

短短30分钟的一部微电影，何以获得国内外如此多的荣誉？导演王益民的一句话或许就是答案：“这部电影，真正打动人心的，就是人性的光辉和民族的情怀。”

艾拉和古丽，是一对新婚的维吾尔族夫妻，同艾拉的父亲同住在一起，可父亲身患阿尔茨海默病，并且是一位汉族人。原本都是艾拉照顾父亲，婚后，古丽就帮丈夫承担了照顾父亲的责任。父亲不仅会大小便失禁，还会每天去菜场拿了菜就走，为此古丽不仅每天都很劳累，还要去菜场帮父

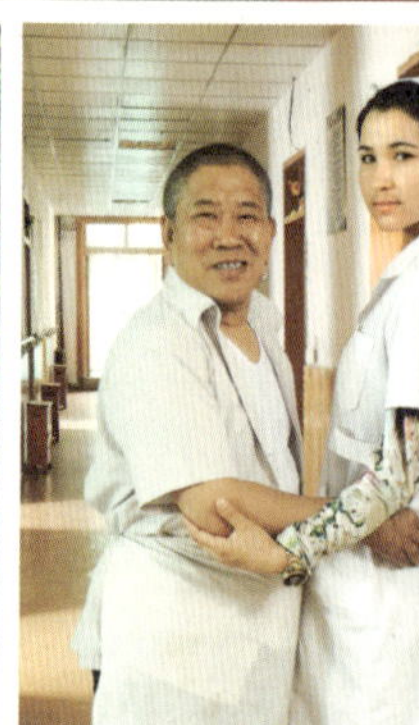

《天山儿女》剧照。

亲善后，甚至为了照顾父亲而不得不放弃自己的工作。对此古丽也会委屈，情绪也会濒临崩溃，但她有笃定的信仰：“这些都是真主的安排，真主说，选择什么，就承担什么。”直到影片的最后，导演才揭开谜底，原来老人以前是矿上的厨师，他的儿子海东和艾拉是同事也是好兄弟，在一次事故中海东为了救艾拉而丧命，艾拉父母双亡，老人老年丧子，艾拉便认了老人为父亲，要赡养他至终老。本来已经同老人有了感情的古丽，得知真相后，更不忍心将他留在养老公寓里，还是接他回了家，她对老人的感情也从朴素的尊敬升华出人性的光辉。

我在影片中饰演的就是这位老人。情节并不复杂，可表演难度不小，重点在于把握这位父亲的病态以及人物的发展阶段。

影片刚开始时，老人照常穿着白衬衫，系着白围裙，拎着菜篮子在菜市场买菜。他并不清楚今天是艾拉和古丽结婚的日子，心心念念的都是给儿子海东送饭。这阶段他只记得给海东做饭，眼睛里看不见古丽，甚至看不见艾拉。

一年后，经过每天的悉心照料，老人对古丽终究是熟悉了，但他看古丽的眼神还是充满了距离和防备。他不知道这个女子的身份，还是每天都想着给海东送饭，直到一天半夜他从家里跑出来，艾拉和古丽在矿场找到了他。

第三阶段，老人终于接纳了古丽，因为古丽对他好。他会掐朵花笑着送给古丽，眼中的距离和排斥都消失了，在古丽面前乖得像个孩子。

每一个阶段，老人的表现都不同，而这些表现背后，除了人性的本能反应之外，还有患病的原因，相应地，表演就更需要深度和准确性。

得了阿尔茨海默病会是什么样？最亲近的人在对面也不识，没有了时间的概念，分不清白天或黑夜，记忆只停留在过去，刚吃的饭却不再记得。他会冷漠，又会暴躁，并不是呆傻，而是大脑在萎缩和退化。所以这位老父亲，行为和表现更像一个不谙世事的孩童，对于喜欢和不喜欢，都表达得直截了当。

婚礼上，我的表情是看热闹，因为他不知道为什么要坐在这里。看着热闹也会开心地笑，但是一切与自己没关系。他记得的只是，儿子海东还没娶老婆，他打算过了年等手头宽裕点再去给孩子说亲。

晚上睡前要吃药，我会像孩子一样冲艾拉撒娇说水烫，然后带着微笑躺下，睡得安稳。因为艾拉是他除了海东以外最信任的人、最熟悉的人，此刻他的世界里除了海东，只有艾拉。

一年以后，老人的病情加重，开始小便失禁。艾拉问他是不是尿床时，我的表情和动作也如小孩子一样，恼羞成怒，死不承认，是不好意思，也透着丧失尊严之后本能的反抗和排斥。

古丽辞了工作回到家，就见父亲在厨房炒菜，一片狼藉，翻飞的炒锅下面并没有火。古丽去阻止，父亲却生气了，因为这是他给儿子炒的菜："你把我的菜弄翻了，赔我的菜！赔我的菜！"表示气愤，也是孩子的语言和语气。古丽要给老人换下沾满油渍的衣服，老人却不让，推搡之间把古丽推倒在地，古丽终于情绪崩溃。这时，我就如一个犯错的孩子，看着古丽出门的背影，眼神里充满愧疚和歉意，还有点畏惧，想道歉，却不敢开口。

半夜跑去矿井给儿子送饭，这是他忘却了时间，却展现了真实的父爱。我的表演里不再有病态。多年前，海东还在，他还健康，每次来矿上给儿子送饭时，他的神态和语气就是现在这样。饭盒被打翻在地，他被拦在外头，使劲伸手，哭喊着："儿子，我给你送饭来了！"短短的这一瞬，他似乎病好了。

艾拉决定送父亲去养老公寓，古丽虽然有点动摇，但还是同意了。这时，父亲就像第一次认识古丽一样，送了古丽一朵花，满脸都是真诚和煦的笑容。老人又去炒菜了，这次古丽没有阻止他，而是跟进去为父亲把火拧开。老人一回头，是熟稔又亲近的笑和那句："饿了吧，一会儿就好！"这种亲近和温暖，是古丽婚后在老人身上从未得到过的，这让她对是否送父亲去养老院更加犹豫了。

在养老院，艾拉对古丽说了与父亲的往事，古丽哭了。艾拉签了字，给父亲系上白围裙。这时我的表演就如一个听话的孩子，温和，顺从。最后与古丽同时回头，我特别乖地笑着说："我听话！"这样的父亲，终于让古丽破防了。

因《天山儿女》中的表演，我获得第二届厦门国际青年微电影节最佳男主角奖，我的夫人、金韬导演祝贺我获奖。

我获得第三届亚洲微电影艺术节“金海棠奖”优秀男演员奖。

在第三届亚洲微电影艺术节上，《天山儿女》荣获“金海棠奖”最佳作品奖、优秀原创音乐微电影奖，王益民导演（右一）获得最佳导演奖，我获得优秀男主角奖、依明江·吐尔达洪获得优秀男配角奖（左一）。

我获得第三届亚洲微电影艺术节“金海棠奖”优秀男演员奖。

最后一个长镜头，车行驶在长长的马路上，我从天窗里站起来，挥舞着围裙，高兴地大声喊着：“前进！前进！”他可能不明白刚才经历了什么，但他此刻是真的高兴，没遮没挡的高兴，他知道要回家了，而他们的生活，也会如他高喊的那样，“前进！”

饰演艾拉的演员依明江·吐尔达洪在接受新疆电视台采访时说：“这部电影和我们现实生活中的内容是一样的。我们新疆是一个多民族聚居的地方，团结友爱，亲如一家。”导演用纪录片般的镜头语言，将这个有着浓重的地域风情的故事讲述得深入人心，不仅展现了真实的新疆人民的生活和文化，探究了民族融合、传统文化和关爱老人等社会主题，更深深地挖掘了人性中最美好和最温暖的一面。我想，这应该就是《天山儿女》获得大好成绩的核心原因吧。

从1989年到今天，我从事影视表演也已经30余年了，塑造的人物形象形形色色，数量繁多。不论好人还是坏人，正面还是反面，我演的都是“人”。每个人都有自己的故事，每个人的性格和行为都有自己的动因。能让一个人物的每一个切面都焕发光彩，在表演中体验别人的人生，这是作为演员的乐趣所在，也能带给我非凡的成就感和满足感。同样，在我塑造的人物中，有大人物也有普通人，有主角也有配角。不论角色的主次大小，每一次创作我都会全力以赴，因为剧本上的长篇大论或者寥寥数语，代表的都是一个活生生的人，每一次表演都是一次完整的、全新的创作历程。

是绿叶就烘托，是红花则怒放，用人物去让作品更精彩，用表演收获属于自己的掌声。小时候心心念念的站在舞台中央的光芒万丈，现在已化为内敛温润，自在圆满。

苦差事

做演员其实挺苦的，三九天跳大海，三伏天穿棉袄，在炸点中摸爬滚打，吊威亚飞来飞去，这都是常有的事情。但在我看来，有一个差事，比做演员苦得多，简直苦不堪言，那就是做制片人。在正式调入海政电视剧艺术中心之后，除了当演员，制片人的工作我也没少做。

在海政电视艺术中心出品的20集电视连续剧《潮起潮落》中，我饰演一个戏不多的造反派冯同志，同时还是这部剧的剧务。

剧务，就是为剧组服务，是电视剧摄制过程中负责日常事务的人，主要工作任务就是在制片主任的直接领导下做好衣、食、住、行等方面的工作。在1993年，20集的电视剧《潮起潮落》堪称大制作，摄制组的规模庞大，人员众多，我的工作就更为繁杂，小到叫演员们起床，大到初审各部门预算，事无巨细，都要仔细认真地做好，不能有一点差错，否则就会影响剧组的拍摄进度。脑子好像被分割成了好几个系统，每个系统都要运转顺畅，系统之间还必须有联动机制。每天耗费脑细胞无数，就盼着能好好睡一觉，可这也很难做到。六七月去湛江拍摄，正是最热的时候，舰队的招待所也不像现在的条件似的，没有空调，晚上热得根本睡不着，只好拿着席子出

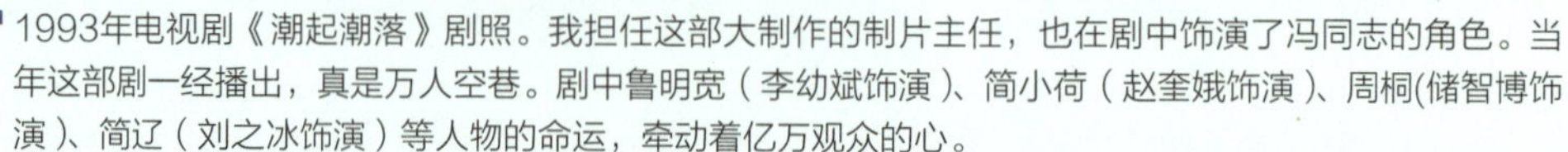

1993年电视剧《潮起潮落》剧照。我担任这部大制作的制片主任，也在剧中饰演了冯同志的角色。当年这部剧一经播出，真是万人空巷。剧中鲁明宽（李幼斌饰演）、简小荷（赵奎娥饰演）、周桐(储智博饰演）、简辽（刘之冰饰演）等人物的命运，牵动着亿万观众的心。

电视剧《潮起潮落》的首映式。那时候首映式没有红毯没有华丽的灯光，一切都那么质朴和庄重。

1994年1月电视剧《鸳鸯岛》剧照。

来铺地上睡，但在外头蚊子又多得能吃人，折腾一宿，也不知道自己睡着了还是没睡着。好容易熬完了湛江的拍摄，剧组转战青岛，酷热有了缓解，可家中传来母亲脑出血的电报，一下子内外交困，我嘴角都起了燎泡。幸好周振天主任准了我的假，匆匆赶回任丘。母亲经过抢救脱离了危险，但语言功能受到一定损害。即便如此我也不能在家中久待，等母亲的情况稍微稳定，就急急地回到剧组。

虽然拍摄艰苦，又遇母亲病重，难免有些身心俱疲，但在这部戏里我有机会去细细观察别人的表演，尤其是李幼斌的表演让我颇受启发。在《老少爷们上法场》中我就与李幼斌有过合作，那时就觉得他的表演特别松弛。现在我从一个旁观者的视野去看，更多了些立体的观感和理性的认识，我发现李幼斌即便不说台词，眼睛也能演戏。表演，不能停留在表面的模仿，必须对人物有深入的了解，“心里有”，外部的肢体动作和语言神态才会对，眼睛里才会有戏。只要演员的表演好，人物内心把握得准确，那么台词多少，戏多戏少，都不影响这个艺术形象的光彩，有时甚至一个镜头就能让人印象深刻。有了这层领悟，对电视剧表演经验尚不丰富的我来说获益匪浅。

电视剧《潮起潮落》播出后收视率很高，反响很大，荣获了“飞天奖”长篇二等奖，全军“金星奖”一等奖，大众电影“金鹰奖”，中宣部“五个一工程”奖等诸多奖项。我作为剧务和演员之一，也与有荣焉。

1994年1月，海政电视剧艺术中心拍摄单本剧《国门卫士·鸳鸯岛》，我在剧中饰演重要角色指导员，同时第一次担任制片主任。与剧务相比，制片主任是统领全剧组运转和拍摄的工作，要操的心更多，肩负的责任也更重，其辛苦更是成倍增长。

电视剧的拍摄地在西沙，我们先坐飞机到三亚，再由海军的直升机把剧组运到西沙群岛。西沙群岛极美，有湛蓝透彻的海水，成片的椰林，洁白的沙滩。西沙极苦，一年到头都十分炎热，岛上没有淡水，战士们吃不上蔬菜，还不时断粮，寄一封家书要等待两三个月才能收到回信。西沙极热，但驻守海岛的官兵们斗志昂扬，同心同德，誓为守护祖国国门而奉献所有，牺牲生命也在所不惜。这里的人和这里的海一样，都是没有受过污染的净土。

我们都祈求拍摄过程能够顺利，但偏偏遇到诸多考验。开机第二天，摄像机就因为潮湿和下雨而停止了工作，拍摄无法继续，只好向北京求援。为了保证摄制组人员的安全，我对所有人都约法三章，除了拍戏需要之外，禁止下海。可是在新的摄像机运到之前，全组工作都停摆了，还正赶上退大潮，眼看着海滩上赶海的群众一个个都大桶小桶地装满了海鲜，摄制组的年轻人们哪里还忍得住，也想去赶海。可我有规定，最后他们想出一招，跑来跟我说："反正拍摄也需要道具，与其求别人去找，还不如我们自己上礁盘上找。"我知道这是他们的借口，也知道此刻强迫他们待在营地会有情绪，索性点头同意，但有要求，等飞机带着新机器临空时必须全都回来，他们满口答应。

然而当飞机临空时，不见一个人影。等飞机降落了，他们还是没有回来。我急了，发动战士们去找。就这样，也拖延了好半天人员才陆续聚齐。我当兵这么多年，在连队也当过领导，可面对大海的吸引力，真也无计可施。

由于西沙独特的环境风貌、地理位置和政治意义，很多影视作品都选择西沙为外景地，我前后共去过三次。其间，遭遇过飞机中途漏油的险境，经历过台风袭击的凶险，还目睹过"水鬼"刺探敌情。到西沙的次数越多，我越喜欢这个美丽的地方，越觉得应该多拍拍我们可爱的战士们。

在《国门卫士·鸳鸯岛》之后，我又陆续在电视剧《牧云的男人》《驱逐舰舰长》《波涛汹涌》中担任制片主任。每天都有很多人跟我汇报各个环节的工作，提出各种各样的问题和要求，我得一一统筹并解决，要拍哪些场景，每个场景需要多少人力和物力，需要多少部队战士的配合，用多少车，演职人员的安全如何保障……还有最头疼的财务工作，看着那些账目脑袋就大了。每日都过得水深火热，每一部剧拍完，我都像被扒了一层皮。尤其是在拍《驱逐舰舰长》时，有很多海上的戏，风浪一打，甲板和阶梯

电视剧《驱逐舰舰长》获得中国电视金鹰奖特别奖。

国电视金鹰奖
典礼

电视剧《牧云的男人》剧照。

海政小品《女兵连的婚礼》剧照。

电视剧《牧云的男人》剧照。

电视剧《国门卫士》剧照。

就会很滑，舰上的栏杆又都很细，我需要时刻关注船员和演员的人身安全，脑子里一根弦总是绷得紧紧的，对所有安全隐患都严防死守。可即便这样，也发生了人员坠海事件，虽然有惊无险，但也着实把我吓得不轻。拍戏还需要炸药——成吨的TNT炸药，不容一丝一毫疏忽大意，万分之一的不小心都能把一个村子夷为平地，我只能找一个相对安全的地方暂时存放，派专人严加看守，整夜整夜不敢睡觉，每一次使用都亲自押车。我坐着吉普车在前头走，后头就跟着炸药车，稍微一个颠簸就可能会引起爆炸。那时根本顾不得自己危险不危险，直到将这批炸药安全使用完毕，这颗心才放下。

电视剧《驱逐舰舰长》拍摄于1997年，我因为做这个戏的制片主任，得了高血压，从此便需终身服药。

值得欣慰的是，我的劳累和付出终有回报，这几部戏都取得了不错的成绩。《牧云的男人》获“飞天奖”三等奖、全军“金星奖”三等奖。《驱逐舰舰长》获“飞天奖”中篇一等奖、全军“金星奖”一等奖、中国电视“金鹰奖”特别奖、解放军文艺奖、中宣部“五个一工程”奖。《波涛汹涌》获中宣部“五个一工程”奖和全军电视“金星奖”长篇一等奖。

但制片人这差事实在让人心力交瘁，等《波涛汹涌》拍完后，我同周振天主任说：“您还是让我当一个专职的演员吧！”

为兵服务

从1972年入伍开始，40余年以来，不论我是文艺兵、绘图员、美术编辑，还是海政文工团的一员，只要身上穿着军装，我就一直秉持着部队的传统和宗旨，那就是为兵服务。

在山西侯马时，我作为演出队的一员，在舞台上用歌舞和戏剧慰问战友，正式进入海政文工团之后，更是每年都会随队慰问演出，带着海军党委领导对一线官兵的关心和关怀，上高山、下海岛、登舰艇、进战位，走遍了祖国的海岸线，为奋战在海疆一线的部队官兵，奉献了一场场精彩的文艺演出。

囿于各个军营的环境条件，慰问演出的形式必须因地制宜，多种多样。

下部队之前，我们会为官兵专门创作小品，都是喜剧，并且都是军人自己的故事，力求幽默风趣又平易近人。如《女兵连的婚礼》，就是由我主演的小品，讲了一个丑演员与女兵连连长的爱情故事，其中设置了很多包袱，笑点很多，排练时我们自己都嘎嘎乐，正式演出时效果更好。我压大轴出场，不仅演出过程中笑声不断，甚至演完了，官兵们还沉浸其中笑得合不拢嘴。小品的形式灵巧多变，内容可以为部队官兵量身定制，演出

我与战友们同乐。

我为部队战士表演节目。

北京西客站，我和王强为刚入伍的新兵表演节目。

的形式也能适应大多数的环境，不用很多演员，也不用什么复杂的灯光布景，在舞台上能演，在海滩边、甲板上也能演，是比较适合下部队带着的节目类型。

但有时场地和时间条件不允许演小品，那就需要更加灵活机动的慰问方式。海政文工团曾到酒泉卫星发射中心给官兵们慰问演出，到那里我才更加直观深刻地了解到，原来每一颗卫星顺利升空的背后，都有一个庞大的部队在做着方方面面的工作，每一个环节都有军人的身影。于是除了在剧场里的大型演出外，我们还要化整为零，组成小分队去各个连队演出。当走到负责铁路运输的连队时，我们得知，有一个刚入伍一两年的小战士，还不到20岁，每天的工作就是沿着铁轨做巡道工，来回五六十里地，目之所及除了铁轨就是荒郊野岭，他秉持着一个军人的职责，就这样坚持着枯燥的工作，循环往复，日复一日。连队的演出他没赶上，还在坚守岗位，我们听说后，就想去看看这个年轻人。当我们站在他面前时，他有点难以置信，对我说，从小就看我演的《神医喜来乐》，没想到电视上才能看到的演员现在就在眼前。让他没想到的还在后头，我们与他面对面，给他一个人演了个“专场”，唱歌给他听，跳舞给他看，他一边使劲鼓掌，一边笑着流眼泪。真是可爱的人啊，演出结束后，他紧紧拉住我的手，不愿意松开，我们心里也一阵阵地发酸，同时又为我们和他同穿一身军装感到无比骄傲。再苦再累又何妨？军人守护着的是祖国和人民，是繁荣和安宁，而我们，能为亲爱的战友们送去精神食粮，是履行我们肩负的职责，更是与纯净心灵的美好邂逅。

每次回到军营，我都感觉回到了家，生活中的喜怒哀乐和工作中的进取焦虑都能放下，归于纯粹，同官兵们一起畅快地笑，刻苦地练，部队大锅饭那特有的滋味让人流连忘返，同志们的握手和拥抱都用力得骨头疼。这是战友，这是兄弟，浓浓的兵味，让我仿佛经历了时光倒流，一如刚入伍时，从里到外，都焕发出年轻的活力。

每到这时，能为官兵们演节目就成了我们最大的心愿，哪怕一支歌，一段台词表演，或者是一小段朗诵，都能表达我们对战士们的敬和爱，但也有天不遂人愿的时候。

海面忽然狂风大作，海浪滔天，我们坐在快艇上，一次次往海岛上冲，又被风浪一次次推远。守岛的官兵站在岸边的礁石上，他们是来接我们的，他们早就对我们的到来翘首以盼，可我们就是过不去，情急之下我们提出可以找个相对水浅的地方游过去，但由于水下暗礁密布，提议被开船的战士坚决驳回。最终，官兵们示意让我们离开，他们站在礁石上，我们站在小船上，互相敬礼，脸上都是泪水。

这样遗憾的场面时常会上演，因为有很多战士都在最艰苦的地方为我们驻守边防。每一次失之交臂我们都会铭记在心，每一次无奈离去时我们都会大声喊：“战友们，请你们放心，再等一等，下一次，我们一定能与你们欢聚！”

2019年，我光荣退休，但为兵服务不会终止。就在这年，海政文工团组织“海政文化宣传轻骑队”去北海舰队慰问演出，我仍是轻骑兵的一员。在壮丽的“黄海第一哨”，我同基层战士们一起下厨，深入连队同战士们联欢，还为这次慰问专门排演了一个小品《光荣牌》。在节目里，我是一位海军战士的父亲，一个带领全村发家致富的农民企业家，本想让儿子退伍回家继续带领乡亲们致富，却因为部队送来的一块“光荣之家”的光荣牌而改变想法，“人活着不能光为了挣钱啊，要是没有解放军保卫咱们的国家，咱老百姓能过上这幸福的生活吗？”他已经决定让儿子继续在部队保家卫国，但是儿子并不知道这位老父亲的心路历程，以为父亲来探望还是想要他退伍，于是就和班长一起，在父亲面前装傻，想借此打消父亲的念头，由这个误会也闹出了很多笑话。与我同台饰演儿子和班长的都是基层部队的文艺骨干，很年轻，表演方面也很有基础，演出效果非常好，官兵们产生了强烈的共鸣。我演的这位老父亲，何尝不是这些正哈哈大笑的

官兵们的父亲呢？在他们的家乡，他们的门楣上也都悬挂着这面光荣牌，他们的父母也一定同这位老父亲一样，正在为他们感到骄傲和自豪，这对驻守海疆的战士来说，无疑是最好的激励和褒奖。

为兵服务已经融入我们的骨血，成为精神上的本能。不论两鬓是否斑白，也不论退休与否，军人永远不褪色，若有召，我必回！

我和基层连队的战友们在一起。

为民服务

我不仅是海政文工团的一员，也是中国电影家学会、中国戏剧家协会、中国电视艺术家协会、中国文艺志愿者协会的一分子。除了为兵服务之外，作为一个文艺工作者，多年来，我也一直不断去践行文艺为人民服务的宗旨和职责，每年都会加入送温暖下基层、与民联欢等文艺志愿者团队，到祖国边疆，到山林煤矿深处，为那里的群众送去欢乐，让他们也享受到文艺的成果，拉近我们的距离。

下基层是辛苦的。去广西演出，我们一行有老有少，下了飞机之后又乘坐大客车长途奔袭，足足开了9小时的盘山路才到目的地。还没来得及揉揉肿胀的双腿，呼吸一下车外的新鲜空气，等待已久的村民们就已经穿好民族的服装，敲锣打鼓地围拢上来，用他们的方式来欢迎我们了。在这样热烈的氛围感染下，我们早已经顾不得身体的疲累了，立刻加入他们的歌舞队伍，一起唱起来跳起来。他们脸上那淳朴又真诚的笑容，那充满期待的眼神，就是对我们最好的鼓舞，这不就是我们此行的目的吗？

下基层是艰难的。去陕西慰问，要翻越浩大险峻的秦岭，正赶上大雪，大巴车在盘山路上走着走着就停下来，司机让我们都下车，路面太滑了，再开车会有翻下悬崖的危险。秦岭之上，风雪交加，我们下了车，互相搀扶着，拉扯着，徒步向前走去。眼睛被雪花迷得睁不开，手脚也都冻得麻木了，我们谁也没有停下脚步，还纷纷说起了小笑话，互相开玩笑，苦中作乐，保持精神亢奋。因为我们知道，在前面那个偏远的山村里，有对我们翘首以盼的人们。

下基层是有情怀的。2012年，中国电影家协会组织艺术家去新疆生产建设兵团慰问演出，同行的有翟俊杰导演，陶玉玲老师，还有岳红、刘之冰等中青年演员。翟导双腿膝盖都有旧伤，行走会很疼痛，一路上我和刘之冰都尽量左右搀着他，而陶玉玲老师更是已经年过八旬，尽管如此，他们也都义无反顾地远赴新疆，给我们年青一辈树立了德艺双馨的榜样。抵达乌鲁木齐之后，简单地吃了口饭就马不停蹄地赶赴边防哨所，大巴走了五六小时方才到达，而这是离乌鲁木齐最近的一个哨所。下了车先与战士们座谈，真的是座谈，我们围成一圈就坐在小操场上，翟导与战士们聊训练聊生活，陶玉玲老师则像个母亲一样握着战士的手话家常，我和岳红、刘之冰就跟战士们一起唱革命歌曲，兴之所至，走到圈圈中间同他们一起载歌载舞起来。等晚上和兵团战士一起吃完了热乎乎的大锅饭后，我和刘之冰打开宿舍的门，瞬间就如时光倒流了一般，屋里就只有两张硬板床，熟悉的被子褥子床单枕头，一切都和刚参军那会儿一模一样。感叹着往床上一坐，嗬，真硬啊！我和刘之冰躺在床上，望着天花板，怀念起各自在军营度过的青春和时光，就这样一直聊到天麻麻亮……窗外响起了起床号，我们又和当年一样立刻起床，精神抖擞。

最后一天演出，是回到新疆生产建设兵团，演着演着，下起了雨，我们的服装湿透，妆发无存，但台下的观众丝毫不在意，也没有一个离场，同我们一起在雨中，哈哈大笑，用力鼓掌。观众对文艺的渴求让我们很感动，大雨不能浇灭我们的演出热情，反而让我们群情激昂，我先唱了段京剧《智取威虎山》，又唱了段评剧，最后又演了影视剧中的经典片段，尽一切所能，

2016年我参加在湖北恩施纪念长征胜利80周年的“百花放映·情系基层”大型影展活动。

我参加“送欢乐 下基层”活动，在乌兰浩特。

下基层演出的舞台基本都是临时搭建的，但一点不影响所到之处观众们的热情和我们演出的效果。

“送欢乐 下基层”活动，我在甘肃天水和岳红一起表演小品。

2017年参加中国电视艺术家协会"送欢乐 下基层"活动。

参加在湖北恩施纪念长征胜利80周年"百花放映.情系基层"大型影展活动，我和同行的艺术家们向革命先烈敬礼。

我与翟俊杰导演、王馥丽老师一起看望贵州遵义的老红军。

2018年，“送欢乐 下基层”慰问演出走进兴隆。

和程志、姜昆一起参加“送欢乐 下基层”活动，到山西省汾阳市。

与卢奇、江珊、张大礼相遇在“百花放映 情系铜川”公益活动中。

参加“送欢乐 下基层”活动，在甘肃天水。

给台下的战士们和群众输送欢乐。等演出全部结束，我们要踏上归途时，战士们上前抱住我们不撒手，他们舍不得我们。

下基层是震撼的。2014年3月24日，由中国文联、中国视协、四川省文联联合主办的“我的中国梦——送欢乐·下基层”文艺志愿服务活动在四川北川举办。汶川大地震刚结束，我就曾到灾区拍摄电视系列剧《震撼世界的七日》和电影《前方后方》，但去的是汉旺镇，没有来过北川。这次下基层活动我们先来到北川地震遗址，我震惊了。原以为汉旺镇的灾情就已经够惨烈了，没想到北川更加触目惊心，四处都是断壁颓垣，甚至一栋七层的楼只剩下了两层。我眼眶一下子就湿了，耳边似乎又响起当年灾民的哭声，沉浸在凝重悲伤的氛围中。

我们来到此行的目的地新北川，下车的那一刹那，就明白了“劫后余生”这个词的含义。新北川建设得太美了，山美水美，每家的房子更美，虽然每扇门后可能都有着失去亲人的伤痛，但逝者已矣，什么都阻止不了活着的人用满腔热情去迎接美好的新生。我们连续在县城里的大剧场和农村的打谷场演了好几天，临走时，群众纷纷拥上来，拦着我们的大巴车，就为再多看我们一眼，再跟我们打声招呼说句再见。这是多么质朴、热忱又珍贵的交流啊。

当然，下基层也有意外发生。有一次我们在一个万人大广场上演出，我的节目已经报完幕了，要用的道具手枪却找不到了。也许是后台有工作人员好奇顺手拿着玩了一下，不知随手放在哪里，可把我急坏了。台下坐着那么多群众，我总不能拿手比划个“八”字当枪吧？所有人都一通前后找，终于在一把椅子下面发现了，我一把抢过来，马上“嗷”地喊了一嗓子就冲上台去，台下群众未见人先闻声，注意力一下子被抓回来，既有喜剧效果又保证了演出顺利。

还有一次，依然是在演这个小品，中途音响忽然没声音了。这个情况其实我们习以为常，在基层演出，很多时候都是临时搭建舞台，条件有限，都是难免的。遇上了那我就只能全凭肉嗓子去大声喊着说台词，一段台词还没喊完呢，忽然从台下扔上来一个东西，我正全神贯注演出呢，冷不丁被吓了一跳，再仔细一看，原来是一个手持话筒，落到台上骨碌出好远，我赶紧去追，借势又一套临场发挥表演，观众被这突如其来的话筒“串场”笑疯了。这场演出，我就一手拿着道具枪一手拿着话筒演完了，别说观众们笑得肚子疼，我回到后台，看见工作人员一个个也笑得直擦眼泪。

每一次下基层我都记忆犹新，每一次临走时群众对我们的依依不舍都让我深深感动。我由衷地体会到，基层百姓对文化艺术的渴求和热情，对我们的喜爱与期盼，就更加明白文艺工作者要为人民服务的意义和价值了。所以每年只要召集下基层，我不论是在拍戏还是在其他的工作中，每次都会全心全力加入慰问的队伍，从不问走多远演多久，因为我知道，那里有需要我们的观众。

我不知道，女儿是不是从小就想和我一样做一个演员，
也不知道她是不是从小就想和我一样当一个军人，
甭管是不是，我都当她是以我为榜样，
我恨不能全天下人都知道，这样优秀的女儿，是我宠出来的，
这是我最成功最得意的作品。

第五章

笙磬同音

相守

1979年，我已是一个海军军官，回家探亲时，认识了一位姑娘，在绚烂的青春里，初尝情滋味。

我们可以在我家和她家之间循环往复地走，我送她，她又送我，若是可以，走到天亮也无妨。

我们有说不完的话，也可以不说话，只要在一起，哪怕就是面对面坐着，心里也是满足的。

沉浸在热恋中的我，以为找到了最合适的那个唯一，但是对于我们的交往，周围反对声四起。尤其是父母，为我忧心忡忡，也许他们的人生经验，能看到当时的我所看不到的前景吧，所以与我进行了冗长的“斗争”。

几经波折，最终我与她还是没有走在一起。

我在火车站与她告别，她在车窗里，我在站台上，向前的车轮为这段感情画上了句号，我似乎也随之变得成熟了。

相爱容易，相守却太难。

1982年，父亲从南大港农场调回了任丘，我的婚姻大事他一直记挂在心，回来没多久就有人跟他介绍任丘县医院新来了一位外科医生，是河北医科大学毕业的大学生。父亲一听，也不问我，就先带着母亲去医院相看了，然后火急火燎地要我回来。

“大学生，特别有文化！”这是父亲最满意的地方。

“特别有礼貌，教养特别好！”这是母亲最看重的所在。

父母这样高兴，我也不能一直单身，于是穿上最精神的军装，收拾妥当，姑且去试试看吧。

约在介绍人家中见面，我先到了，正正军帽，直挺挺地坐在沙发上，没多久房门一响，她走了进来。身材苗条，面容姣好，只是没有那么白。我故意欠了欠身子打个招呼就坐回沙发，没有站直，这样她就看不出我的个头高矮了，能留个好的第一印象。

“你好，我是刘玉凤。”

“你好，我是杜旭东。”

说完后，她便一直热络地同介绍人讲话，我坐在一边无聊得很。过不了多会儿，她略带歉意地跟我说：“对不住，我还得值班，先走了。”我点点头：“你去忙。”

第一次见面，不疼不痒。母亲急切地问我，我说：“其他都还好，就是太严肃。”母亲拍我脑门一下：“人家是外科大夫，每天拿手术刀的，当然会严肃些。”

想想也对，她是拿手术刀的，我是拿画笔的，我觉得她严肃，她没准也觉得我奇怪呢。反正是相看，等着信儿吧。

没想到，很快介绍人便来约我第二次见面。这下身高肯定要暴露了，不可能每次见面都坐着吧，只能以后约会都穿军装戴军帽，稍微修饰一下外形。这晚我们在小马路上慢慢走着，她终于忍不住问了我：“介绍人说你有一米七多的个子，我看不像啊。”我挠挠头，尽量坦诚地说：“介绍人确实谎报了我的身高，我不仅个头不高，其他缺点也挺多，你可以再考虑一下。”没想到她脸上微红，柔声说：“高不高没关系，人好最重要。”

一句话，我们正式确立了恋爱关系。

她也曾崇拜地跟我说：“我最喜欢军人和会画画的人。”

我也曾兴之所至突然给她翻一串跟头，就想看她眼睛里亮晶晶的光。

那段刻骨铭心的初恋，我开诚布公，都告诉了她，她听完只说：“你这样的年纪，我早就想过会有前缘，但既然都已经过去，咱们都要向前看。”

新婚。

三口之家。

我们有了女儿。

相守。

是啊，一切都要向前看。八个月后，我与刘玉凤举行了简单的婚礼，正式成立了自己的小家庭。心中那一杯烈酒，变成了温润的一汪甘泉。

当然，婚姻生活不可能平静无波，总会有波澜，尤其我与她的专业和志趣都颇有分别，更需要经过不断地磨合，才能共同成长。

她是外科医生，生活中总会难免有点小洁癖。我却从小在文工团，又当兵，又拍戏，经常因陋就简地生活，卫生习惯自然随意。对于她要求的“回家必须先洗澡，进门必须先洗手”，我颇不以为然，但都照办。也有没在意而“暴露”的时候，比如，菜刚上桌，我伸手捏了一块扔嘴里，我觉得是个小事，在她那却是天大的问题，吵闹之下，甚至请来参谋长从中调停，最终以我写书面检查“一个革命军人不应该拿手捏菜吃”了结。

我是演员，从小就性格开朗，爱热闹，爱玩笑。她的性格与我相反，是内敛而沉静的。我开的玩笑有时候她并不能理解，更不会同乐。刚结婚时有过几次摩擦之后，我在家中就尽量少些玩笑，安静些。

生活中的鸡毛蒜皮，我愿意多迁就她，因为当我在外头拼事业时，是她给了我稳定的大后方，让我能心无挂碍，全力以赴。

我的工作本就忙碌，经常加班，在涉足影视表演之后，更是经常几个月都在外拍戏，家中就全指望妻子的照顾和岳母的帮衬了。虽然不是同行，但她只是对我的工作不甚了解，而从未有过不理解。出门再久，她也没埋怨过。家中事务再繁杂，她也独自应承了。外科医生的工作并不轻松，带着女儿在医院里值夜班变成了日常。照顾双方老人，教育孩子，这些重担经常压在她一个人的肩上。

1999年，我正在天津拍摄电视剧《笑面江湖》，饰演汉奸队长梅青。第一场戏，就在天津的估衣街，背景是卖寿材和花圈的店铺。却不知道怎么了，这场戏我脸上的光总是打不对，不是发绿，就是发灰。灯光师纳闷极了，来回调试，就是不行。导演也找不到原因，最后觉得可能是机器坏了，拿回去检修，草草收工。回到住处，刚坐下来看剧本，妻子便来电话，说我的母亲脑出血，病危。

我急急忙忙跟导演请假，可导演只能给我匀出一天时间，因为戏太集中，全剧组都得停下来等着我。一天也行，我连夜赶往医院，母亲已经深度昏迷。

妻子一直陪着我，到时间了，我该赶回剧组了，她说："这里有我！"短短四个字，让我的心安稳了下来。

因为我的情况特殊，导演特别做了安排，把我的戏都集中在一起拍，以便我早日赶回母亲病榻前。可我演的是汉奸队长，一个十足的恶人，戏中都在作恶，在打人。这大概是我从业以来，最难演的一个角色了，甚至哀求导演："能不能让我少点打人的戏？"母亲还在病危中，生死未卜，我却在这边恶狠狠地扇人耳光，虽然是演戏，这心也像油烹一样焦灼难受。

紧赶慢赶，刚拍完，剧组给我两天假。正要拔脚往老家赶，妻子来电话，妈妈走了。

等我看到母亲时，她已经睡在了灵床上。我的双膝酸软，站立不稳，哭不出声。妻子过来抱着我："我一直都在，我陪着妈妈，我跟她说了你的难处，妈妈不会怪你的。"我看着她，终于号啕出声。

只有两天假，我甚至来不及处理完后事，在家帮我尽长子之责的，帮我尽儿女之孝的，都是我的妻。

做演员的妻子不容易，她为我，为这个家庭的付出，我都知道。

所以我也很孝顺我的岳母，当她生病大小便失禁时，我背着她从五楼下来，赶去医院，自己的上衣早已脏污，却不会在意。

所以只要条件允许，我就会回家，哪怕只有一天也好。我会将家里打扫干净，做上一桌好菜，看着她同孩子吃得香美，就能觉得宽慰些。毕竟，在家庭生活上，我能为她们做的，实在有限。

相爱容易，相守却太难。

幸得这温润的一汪甘泉，细水长流，换得相守白头。

女儿金京。

我和女儿。

我和女儿、外孙女。

和外孙女在一起是我最快乐的时候。

明珠

1985年2月8日，女儿降生在北京海军总医院，母亲给她取名杜金京。

其实刚结婚没多久，妻子就怀孕了，还是双胞胎，我们都满怀欣喜地准备迎接这一双孩子，但还是年纪轻，觉得自己身体好，没有多注意。妻子的一台外科手术做了五六小时，久站之下，孩子流产了，一对男婴已经成形。

我从外地闻讯，匆匆赶回河北任丘，看着躺在病床上虚弱哭泣的妻子，也不禁眼含热泪。原本是有怨怼的，为什么不保护好自己和孩子？为什么要坚持工作那么久？但此刻，只剩下心疼。母亲孕育孩子的辛苦，男人不可能感同身受。母亲失去孩子的疼痛，亦不是父亲所能体会。我在痛惜孩子，而妻子正承受着身体和精神的双重打击。还怨什么呢。

经过这番波折，我对后来的这个孩子更加期待和珍惜了。

经过了一天的等待，晚上十一点多，产房的门开了，护士长走出来，可有点面露难色，我心里咯噔一下，就听她对我说："生了，是个千金，母女平安。"我松口气："闺女也行啊，我又不是非得要儿子。""可是……"护士长脸上的为难愈加明显了。

“孩子有问题吗？不是说母女平安吗？”我急了。

护士长叹口气：“你先别着急，孩子是健康的，可是双足内翻，可能是有点畸形。”

我脑子里轰隆一声，蒙了，双足内翻？我见过这样的孩子，路都走不了，我的女儿以后怎么办？

护士长早就料到我的反应，赶紧接着说：“你别着急，大夫说，这种内翻有两种情况，一种是先天畸形，还有一种可能是在胎里窝的，慢慢揉脚踝，就能恢复。”

我好似抓住一根救命稻草：“那我女儿是先天的，还是胎里窝的？”

护士长摇摇头：“现在判断不了，只能回家每天揉脚试试看。”

我的心又沉了下去。

妻子和女儿被推了出来，妻子泫然欲泣，我急急地看向襁褓中那个小小的婴儿，瞬间，心都化了。

原来刚出生的孩子是这样小小的一点儿，头发黑黑的，很浓密，还没有睁开眼睛，但看着眼缝很长，应该会是个大眼睛，小手将将能握住我的一根手指，胖胖的腮帮子吹弹可破，那张小嘴，不时地努着，这是饿了吗？这么可爱的孩子，就是我的女儿嘛！一种奇妙的感觉油然而生，似乎我的心跳跟她的心跳被系在了一起，咚咚跳得有力。

回到病房，打开蜡烛包，我看到了孩子的那双脚，默默不语。妻子哭着说：“旭东，对不起。”我赶紧给她擦眼泪：“月子里，不能哭！又不是你的错。女儿很可爱，我很喜欢。这脚不是还没确诊吗，咱们给她揉。”“那万一真的是先天畸形呢？”“那我就一直扛着她！爸爸就是她的脚！”

这是对妻子的安慰，更是我见到女儿第一眼便下定的决心。走出医院，已是凌晨，外头飘着漫天的大雪，我裹紧了衣服，心头沉重。原本，我该在这雪地里开心地翻跟头，此刻，却只是低头，慢慢往家走去，身上一片白。湿冷地回到家，顾不上休息，匆匆炖了鸡汤，拿保温桶装好，骑着车

又往医院赶，妻子和女儿还等着我。彻夜未眠，我脑中不时轮换着各种画面。想象着孩子恢复正常了，我就笑。想到孩子真的残疾了，我又赶紧摇摇头，想把这不吉利的想法抛出去。昨夜的白雪，现在已经变成了冰，我就这样心不在焉地骑到半路，毫不意外地摔了出去。连人带车，拍在了马路牙子上，保温桶滚出老远，鸡汤洒了一地。我顾不得疼痛，挣扎着爬起来，去追鸡汤，一桶汤只剩下一个底儿，微弱地冒着丝丝热气。捧着保温桶，我坐在马路牙子上，看看医院的方向，又看看家的方向，五味杂陈。

幸好，妻子自己就是大夫，很快就掌握了手法。她开始每天给孩子按摩。而我可以看着女儿的脸一整天不动地方。她总是在睡觉，脸上的表情一直在变换，一会儿皱眉咧嘴想哭，我刚紧张，她又舒展开眉头抿嘴笑了起来，原来是做梦。刚出生的小娃娃，还没有看过这个世界，她的梦是什么样的呢？也有喜怒哀乐吗？我就这样看着她，浮想联翩，脸上挂着自己都未察觉的笑。

10天之后，妻子的每日按摩见了成效，孩子的双脚似乎好了些。我们激动难抑，庆幸不已，但还不敢放心，继续每天揉她的脚。一个多月之后，孩子的两只脚恢复了正常。

我是革命军人，但此刻，真的想感谢老天爷。

从此，我的这颗掌上明珠再无瑕疵，我也成了“女儿奴”，只想把最好的都给她，怎样溺爱都不过分。

工作再忙再累，只要我回到家，孩子就在我的身上，我抱着，扛着，一刻也不愿意撒手。在海军杂志社里深夜加班，那时北京刚有肯德基，杂志社给每人一份当夜餐，这样新鲜的好吃的，我舍不得，仔细包好了，带回家给女儿吃。她吃着开心，会举起小胖手递到我嘴边，奶声奶气地说：“爸爸吃！”我哪里还需要吃呢，这一声足以三冬暖了。

女儿越长越可爱，越长越漂亮，我的宠爱有增无减，她长到十几岁时仍然能骑在我的脖子上。我给她拍了好多照片，外出拍戏时都会贴身带一张。苦时，累时，受伤时，从怀里掏出女儿的照片看一看，就会又充满了力量，我要给女儿美好的生活，要成为让她骄傲和依靠的大山，这些苦累都算不得什么。

女儿会唱歌了，女儿会跳舞了，女儿会模仿了，随着时光，女儿开始展露出表演的天赋，并且喜欢上了表演。这让我又喜又愁。喜的是，不愧是我的女儿，遗传了我的基因。愁的是，她想考表演系，想当演员，可是我深知，女演员的路太难走了。

农民不想子女继续种地，老师不愿子女再当“孩子王”，我也一样，知道这行的难和苦，就不愿意我如珍宝般呵护的女儿再当演员，舍不得。

然而孩子的意愿，通常父母是要妥协的。我小时候哭闹缠磨着让父亲同意了我去考文工团，女儿长大了，也会用这招对付我。她大学考入北京工商学院，学旅游管理。那四年，大概她的心情也和我学轮机时一样，不喜欢，强忍着。好容易毕了业，就强烈要求考河北大学艺术学院的研究生，她还是要学表演。

己所不欲，勿施于人。再说，女儿的眼泪可比我的杀伤力大多了。考吧，只要能考上，我就支持到底。

金京很努力，每天都在家里复习备考，这是她期盼的道路，所以根本不用外力去鞭策。最终，她很顺利地考上了。

更让我惊喜的是，学制三年的研究生学习阶段，她只用两年就修完了所有的学分，写完了硕士论文，提前毕业了。这样勤奋，是因为她也想当兵，也想和我一样穿上军装，快马加鞭地学习，就是想赶上总参即将开始的部队直招考试。

考点在陕西渭南的一个部队基地，全国各地共3000多名考生，不许带手机，不许家长送，只给一个地址，让考生自行前往。没有任何考题范围，也没有任何方向，封闭式考了整整一个星期。我们做父母的只能眼巴巴地等着，什么都做不了。经过了理论、政治和体能的各方面的层层选拔，最

我和女儿一起参加周玮的节目。

我带外孙女参加王芳、王为念主持的节目《你看谁来了》，特约嘉宾是李明。

我和女儿同演《舰在亚丁湾》，左一是演员王梅。

和女儿一起出演电影《二师兄来了》。

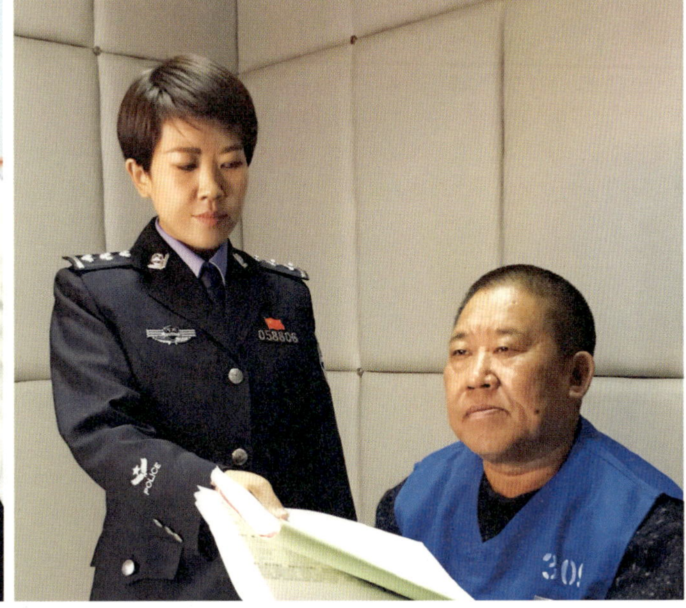

和女儿一起出演电影《天刃》。

终海陆空和武警部队总共招收1000名考生，我的女儿考上了。

我骄傲极了，于千军万马中冲杀出来，又有哪个父亲不会骄傲呢。

曾经捧在怀里的小小人儿，现在跟我一样穿上了军装，走入了军营，去经受新兵连的淬炼，然后焕然一新地站在我面前向我敬礼。再然后，她终于如愿以偿，站在影视拍摄的片场，同我一起走上了荧幕。

我不知道，她是不是从小就想和我一样做一个演员，也不知道她是不是从小就想和我一样当一个军人。甭管是不是，我都当她是以我为榜样。我恨不能全天下人都知道，这样优秀的女儿，是我宠出来的，这是我最成功最得意的作品。

然而，人生不如意十之八九。我体会到了做父亲的幸福和骄傲，也体会到了做父亲的无奈。

金京哪里都好，唯有一样让我发愁，就是她对于丈夫的选择标准。我们这一辈，选择人生另一半时，都要综合考量家庭、成长环境、文化水平、工作能力、是否踏实勤奋、是否有责任心等，而金京大概是因为从小被我管得太严格，不许她和任何男生有接触，所以真的到了谈恋爱的年纪时，在选择男朋友方面显得过于天真简单，排第一位的评判标准是“帅不帅”以及“高不高”。

“以貌取人”不可取，何况还是选择伴侣。我们劝呀拦呀，她就是不听，最后我脱口而出：“我是为你好！”然后愣住了。

“我是为你好！”这句话父亲曾经无数次冲我吼过，也是我青春年少时最反感的一句话。为我好？你怎么知道我心里的好是什么样？你又怎么能断定你的决策就一定是为我好？

生命是一个轮回，现在我也对女儿喊出了这句话，一瞬间，我理解了父亲。他不过是想用自己的人生经验和教训来帮助我规避一些错误。最终，每个人的人生都需要自己去完成，该撞的南墙、该掉的坑，一个也少不了，父亲对我如此，我对女儿亦如此。

算了，孩子不会相信“我是为你好”这句话的，即便勉强听了我的，也不会快乐。这个坑躲开了，也还会有我们亦不曾经历过的人生考验，到时又拿什么经验去帮她呢？

想通透了这点，我就不着急，也不上火了，随她吧。就算选错了也无妨，一直向前走，去找对的人，没什么可怕的。实在走不动了，还是那句话，我就扛着她，爸爸就是她的脚。

唯一觉得亏欠的，就是我的小外孙女，于是她成了我的第二颗掌上明珠。我拿出宠爱女儿的劲儿去宠爱她，生活和学习条件，都尽我所能给她最好的。外孙女也有唱歌跳舞和表演的天赋，和我一起上台演过小品，也随我在中央电视台、天津电视台、北京电视台录过节目。她的学习非常好，小学二年级时就可以熟练地用英语对话，是我们的小骄傲。

被我们一手带大，外孙女跟我自然格外亲，但隔辈亲总有自己的无奈，比如，代沟深不见底。她跟我说什么，我经常跟不上节奏，更不用说教育和看待世界的理念了。我有点着急，可是更加高兴，因为小外孙女有着我们这代人所奢望不了的精神世界，她会比我们幸福，会比我们优秀，会比我们走得远。

至于着急，我只好紧着迈腿，努力追赶，追上多少算多少吧。

我的外孙女悦悦。

Welcome

一个演员，最终还是要用作品说话，要用角色说话，
数十年后，依然还有观众对我的角色记忆犹新，
对我的表演如数家珍，
这就是对我的演员生涯最大的肯定了，
也是对我今后表演事业的鼓舞。

第六章 与时俱进

融通

艺术是相通的。

曾经，戏曲和美术都是我的职业，戏曲程式的训练和美术对审美的滋养，对我未来的影视表演事业帮助极大，而等我成为专职的影视演员之后，在表演上的所悟所得，又为戏曲表演和书画研习提供了丰富内涵。

近年来，我经常登上中央电视台戏曲频道的舞台，与《梨园闯关我挂帅》《角儿来了》等节目都是老朋友了。年少时一心想站在舞台上有个角色，但因为年龄小，直到离开文工团和演出队时，我都是《红灯记》里的鬼子兵或者《杜鹃山》里的自卫军战士。现在我是一个影视演员，在戏曲频道的节目里都算作“跨界嘉宾”，倒是能演《智取威虎山》的栾平了，这是戏曲观众对我的好奇和厚爱，同时我也圆满了少时的愿望。

刚入南大港文工团时，我们没有归行，但以特点来算，我应该被划为丑行的范畴，所以现在演河北梆子《辕门斩子》里的穆瓜等丑角儿难度不大。现代戏里就更得心应手了，尤其栾平一角儿，那是奶头山许大马棒的联络副官，“为非作歹几十年，血债累累罪滔天。”这样的角色，与我在诸多影视剧中塑造的土匪汉奸十分相像，所以当我表演时，在原有的戏曲表演程式之外，还加入了影视表演中的诸多细节和手法，比如，语气和表情的刻画等，让这个人物变得更加鲜活。有一次配戏的北京京剧院的演员同我道："您给我们留碗饭！"这是玩笑，我毕竟离开戏曲舞台多年了，不可能比得上北京京剧院的专业演员，哈哈一笑而已，但也能看出来，影视表演与戏曲表演是相通的，可以融合的，若有戏曲大家愿意做此尝试，定能让戏曲表演艺术再进新阶。

这些年我还开始了对书法的潜心研究。

早在山西侯马作为一名绘图人员时，我就学会了楷书、隶书等各种字体，后来办展览时，要用毛笔在展板上写前言，战友们都知道我有书法的功底，所以经常叫我去完成这项工作。但终究这时我的书法水平还只是略通皮毛，后来忙于各种工作，毛笔就搁下了，直到近些年，才又重拾兴趣，开始深入研习。

先从楷书练起，因为楷书是基本功，只有把楷书的间架结构练准练稳，才能去练其他字体。虽然年轻时楷书就写得不错，但此时再接续起来，还是要从头练起，为的是扎实基础。

楷书之后，我开始练习行书。在诸多名家中，我最欣赏米南阳的行书，章法严谨，刚劲有力，又一目了然，是我喜欢的风格，所以在练习中就经常模仿。

模仿久了之后，自然而然就会出现自己的风格。我的字，严格说起来，应该是楷书、魏碑加行书的一种综合体，而所谓自己的风格，不是想要标新立异，也不是追求技法，而是如影视表演一样，开始在字中表现喜怒哀乐，也就是"走心"。我最喜欢在下雨天时写字，雨声淅沥，打开窗户，清冷新鲜的空气夹杂着水汽扑面而来，再泡上一盏清茶，展卷提笔，内心自然沉静，心情亦是愉悦。随着雨声落笔，思绪起伏，情感喷薄，整幅作品就会有了抑扬顿挫，有了起承转合，就如戏剧一样，有了鲜活的生命力。

演戏好的演员，大多书画水平也很高，如蓝天野先生画鹰一绝，如唐国强先生草书飞扬，大概皆因这艺术之间的融通吧。

我是央视戏曲频道节目的常客。

在中央电视台庆祝八一建军节的晚会上，我介绍自己保存的海军领章帽徽。

我和北京卫视健康栏目《养生堂》主持人悦悦。

参加北京电视台“春妮的周末时光”。

和蔡国庆一起参加“歌声飘过30年”文艺演出。

浙江卫视“我就是演员”节目中我和倪萍搭档演出小品《长辈》。

我参加各个电视台的综艺、小品、喜剧、相声节目录制。

80
周年
纪念长征胜利
CHINESE ART

第三届海峡
暨首届海

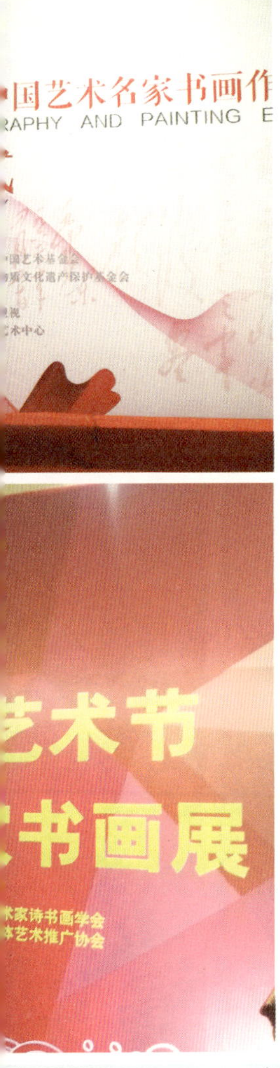

我和我的书画作品一起参加书画展。

我和唐国强老师合影。

我和米南阳老师合影留念。

我参加中国视协艺术家诗书画学会的书画活动。

我和刘全和、刘全利、洋光、臧金生老师一起参加书画活动。

藝海無涯
甲午年秋
杜旭東書

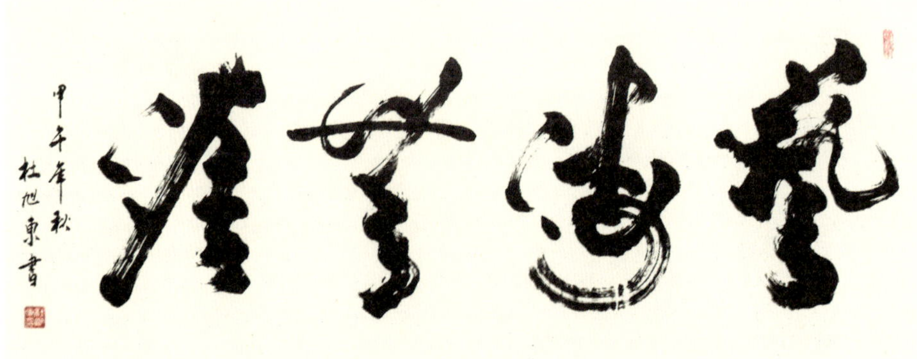

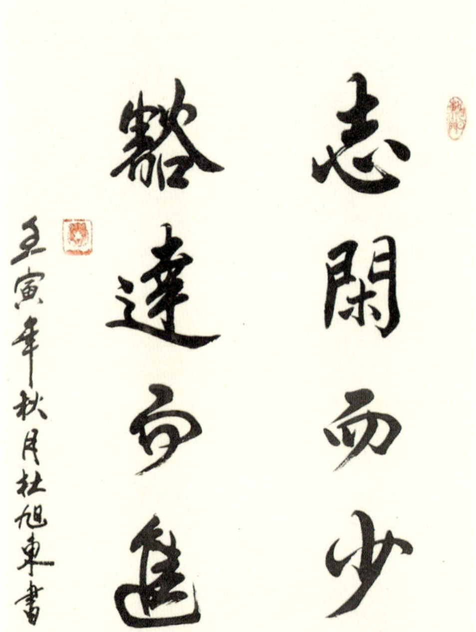
志閑而少欲
豁達而進取
壬寅年秋月杜旭東書

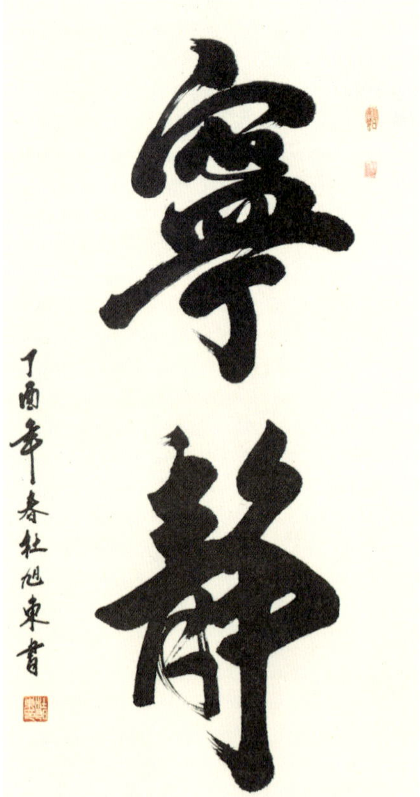
寧靜
丁酉年春杜旭東書

我的书法作品。

龍馬精神

庚子年杜旭東書

君不見黃河之水天上來
奔流到海不復回君不見高
堂明鏡悲白髮朝如青絲暮
成雪人生得意須盡歡莫使
金樽空對月天生我才必有
用千金散盡還復來烹
羊宰牛且為樂會須一飲
三百杯岑夫子丹丘生將進
酒杯莫停與君歌一曲請君為
我傾耳聽鐘鼓饌玉何足貴
但願長醉不願醒古來聖賢
皆寂寞惟有飲者留其名陳
王昔時宴平樂斗酒十千恣
歡謔主人何為言少錢徑須
沽取對君酌五花馬千金
裘呼兒將出換美酒與爾同
銷萬古愁

唐李白詩一首將進酒

歲次甲午年冬月

杜旭東書

我的国画作品《硕果图》。

我的国画作品《富贵吉祥》。

追潮

时代在进步，祖国在复兴，很多新的艺术形式层出不穷，很多新的生活方式也普遍走入寻常百姓家。

在影视艺术上，网络电影和网络电视剧的队伍越来越壮大，制作也越来越精良。10年前，若是说演一部网剧或者网络大电影，或许演员们还会有迟疑，而现在，已经成为大趋势。

走进电影院的人群数量终究有限制，而电视传播的方式也已改变，以前只说年轻观众不看电视了，今天已经发展到不管男女老少，大都愿意在手机、电脑或者智能电视中的网络播放平台观看电视剧和电影，传统媒体早早就开始涉足网络市场，与之相应地，我们这些中老年演员，更不能墨守成规，与时代脱节。

所以这些年，我不仅尝试了数字电影，微电影，还拍了《梁山伯与祝英台》《丛林营救》等网剧和网络电影，就在2021年，我还参与了网剧《奇葩客栈》的拍摄。新的拍摄方法，新的拍摄节奏，这些都需要一个适应和接受的过程，这就需要我们打开思想，多方尝试，争取能追赶上潮流，与时俱进。

当然，一个新事物在成长初期，肯定会有各种问题，这需要全体从业人员共同研究和探索，才能一个一个解决问题，去芜存菁。作为中老年的“前浪”，要用宽阔的胸怀去包容和接纳新事物和“后浪”们，更要充分发挥自己的经验和才华，去帮助新人，去助力影视艺术的发展，完成影视艺术的更新迭代。

而在影视作品之外，老百姓日常的娱乐内容也发生了巨大的变化。阅读已经提倡“碎片化”，短视频的兴起，更成为人们日常娱乐方式的主流。尤其在新冠疫情开始之后，居家观察的日子，几乎开启了全民创作的时代，不仅在短视频平台看新闻、购物，更通过一个个普通人的视野，看到了五彩斑斓的生活：与自己相近的，就获得了同感的体验，自己从未经历过的，就从小小的手机屏幕里开了眼界。

“老夫聊发少年狂”，这样的时代潮流，我也不能落下。于是开通了抖音账号，开始在抖音中记录自己的拍戏点滴和日常生活，有时也会与朋友们一起，创作一点小段子，与观众们同乐。短短时间，粉丝数量就已经超过了300万，这让我很惊讶，不禁要感叹网络传播的力量之强大。

我很喜欢看每条作品下的观众留言和评论。以前，一部电影或者电视剧上映，想要知道观众对我的表演的评价，还需要各种“搜集情报”，难度不小。现在网络普及并发达了，经常一个短视频刚发上去，成百上千的回应就立刻来了，这种观众在第一时间的第一反应，对演员来说，至关重要。

除了对这个作品的好坏评价之外，还有很多粉丝在留言中唤我“军师”“孟庆和”“韩荣发”，表达了对我塑造角色的“恨”和对我本人的喜爱与支持，如“小时候都被你们吓哭好多次了，长大了我要找你们算账！”“杜老师这‘坏蛋’在影视剧里多半留下的是恐惧、咬牙切齿，在网络里是欢笑和感动。生活里是低调善意和严谨。各种反差。”“老一辈的敬业精神，在您身上体现得淋漓尽致。”很多留言都让我非常感动。

一个演员，最终还是要用作品说话，要用角色说话，数十年后，依然

我为“中国梦·冬奥情·京津冀”主题微视频（微电影）启动加油、鼓劲。

我作为理事，积极参加中国视协艺术家协会专题学习。

我和蓝天野、濮存昕老师一起参加研讨会。

我参加中国视协艺术家协会第六次理事会。

2020年我当选为“魅力中国 闪耀世界”中国文化国际传播年度人物。

2014年我荣获第十届全国十佳电视剧演员。

还有观众对我的角色记忆犹新，对我的表演如数家珍，这就是对我的演员生涯最大的肯定了，也是对我今后表演事业的鼓舞。

虽然已经年逾花甲，但我自觉还是“正当年”，干劲儿足得很呢！期待在未来的日子里，还能遇到好角色，创作好作品，还能在观众心中留下新的经典。

老骥伏枥，志在千里。

生命不息，奋斗不止。

2017年我荣获第13届“德艺双馨艺术家奖”。

"战友战友亲如兄弟……战友战友,这亲切的称呼，这崇高的友谊，把我们结成一个钢铁集体……"每当我听到这首《战友之歌》就仿佛回到了工作了26年的海政影视艺术中心办公楼，回到了和战友们朝夕相处的日子里。我的战友们！永远祝福你们。不管啥时候，一个电话一声“老杜”，都是我最开心的时刻。

术中心新年联欢会

WHITE
Levi's
A&B

50

后记

第一次“认识”杜旭东老师，是在电视剧《大宅门》里，他演的韩荣发让我气得差点砸了电脑。这样坏的角色，这样有特点的形象，让人想不记得都不行。

之后好多年，我又陆续看了杜老师参演的《神医喜来乐》《我的故乡晋察冀》《洪湖赤卫队》《别拿豆包不当干粮》《三国》等好多部电视剧。每次杜老师出现，我就瞪大了眼睛，因为这段戏绝对有彩儿，要么气死人，要么乐死人。庞统就更厉害了，被杜老师塑造得洒脱不羁，忠肝义胆，老辣又壮烈。落凤坡一场戏让我唏嘘了好久，感叹这才是能与卧龙齐名的凤雏先生呀！

所以当我接到为杜老师写传记的任务时，相当兴奋。

第一次见面，在杜老师家楼下，他戴着口罩捂得严严实实，乍一看就是一个穿着朴素的邻家大叔，我一下子没认出来。等面对面坐下来，口罩一摘，确实是那个荧屏上常见的杜老师，又好像不是，一样的面容，却丝毫不见“坏”，更不会联系到“丑”，反而眉目之间非常祥和，让人心里暖洋洋。气氛一下子就变得轻松愉快起来，杜老师十分真诚直爽，传记采访时最担心的“距离感”在杜老师这里是不存在的。我们相谈甚欢，除非他说得兴起，站起身来，瞬间入戏地为我示范一段台词，爆发的戏剧张力和压迫感让我不自主地后仰身体，才会在心里颤巍巍地喊:“大坏蛋真可怕！”

杜老师知道我要用第一人称写他的传记，于是就充分地放松，全力地配合，毫不掩饰，并没有因为是初相识就有所保留，不仅让我了解了他的艺术人生，还体会了他的喜怒哀乐，这就为传记的“形神兼备”打下了非常好的基础。杜老师的这份真诚和信任，让我非常熨帖。

是的，熨帖，这样的感受从采访伊始一直贯穿到现在。写作过程中，杜老师一直给予我鼓励，告诉我“别着急”。稿件修改时，他会说“不好改就不用改了，没关系”。我当然会全力以赴，但一句体谅三冬暖。

我怀着敬意，在文字里走了一遍杜老师的艺术人生，总是叹服，经常共鸣，不时哈哈笑，偶尔也会红了眼眶。幸而，传记出炉，杜老师满意，夫人嘉许，还得到了周振天主任的认可。人生最重要的“立传”，我胜利完成了，没辜负杜老师的一番信任和期待。于我来说，这就是传记写作的最大成就感。

按照联合国公布的最新年龄划分标准，杜老师刚刚步入中年，正处于感悟力与表演经验的黄金期，未来还会有更多的成功作品和人生风景。我们也已相约30年后的传记增订本。

春船正好行。

祝福杜老师!

褚秋艳

2024年5月20日

编者的话

丛书十年

白驹过隙，不知不觉间，《演员丛书·艺术家传记》已经来到了第十个年头。

自2011年中国广播电视社会组织联合会演员委员会成立之初，作为发起、组织和推动者的唐国强会长，立即全力推动“一老一小”工程。其中“一老”，既为德艺双馨辛勤耕耘在新中国影视事业中的老艺术家著书立说，出版传记，记录老艺术家们个人奋进的历程，同时抢救性挖掘、记录中国影视发展进程中的图文史料，着意以演员为出发点，为中国影视艺术保存珍贵的历史记忆。

经唐国强会长的奔走与努力，2013年，《演员丛书·艺术家传记》开始运转和稳步推进，并于2014年12月，正式出现在广大读者面前。全项目共分为三个独立单元：演员丛书系列、演员丛书——亲子系列、艺术家传记系列。

首推的单元项目“演员丛书系列”，以德艺双馨的表演艺术家为丛书主体，讲述经历，诠释艺术、感悟人生；以艺术家成长和艺术发展历程为线索，用图文并重的形式展示其个人的求艺过程。在传记采访和撰写过程中，重点放在以个人叙述角度刻画中国电影和电视剧当时的拍摄过程、工作场景、工作状态和剧组的创作环境，借以全景式展现中国影视业进程中的经典影剧和角色诞生的过程，带动几代人的集体记忆，从而铭记中国影视业璀璨辉煌的历史时刻。

截止2023年，《演员丛书·艺术家传记》项目已经出版了15位艺术家传记，涵盖百万字的传记文字内容，万余张珍贵的家族照片、剧照、现场工作照和影视典礼、颁奖、聚会合影等图片。其文字、图片，以及每位艺术家的代表性影视作品的拍摄始末、相关故事和艺术感悟等，都得到了翔实且深入的挖掘与记录。既具备理论研究的学术高度，又兼顾可读性与趣味性，既包含时代画卷中的点点星光又有与时俱进的思想光辉。随着每一本传记的出版，经过调研、查实资料、策划、组稿，采访、编撰、设计等过程，《演员丛书·艺术家传记》业已搭建出成熟的高定位、高品质的传记制作平台。

十年来，在合作出版单位与唐国强会长、张歌秘书长的通力推动下，《演员丛书·艺术家传记》成果斐然，功莫大焉。感谢各位艺术家的信任与认可，感谢每一本传记作者的妙笔生花，感谢编辑、设计伙伴们的认真负责，也感谢推进项目稳步向前的每一位工作人员。

而在2023—2024年度，随着这本杜旭东老师的传记《春船正好行》的出版，《演员丛书·艺术家传记》带着收获的喜悦与对未来更加舒阔、繁茂的期许，与过去挥手作别，跨入了一个新的阶段。

在新的征途上，我们将与中国文联出版社携手共进，继续实现《演员丛书·艺术家传记》的构想蓝图，不忘初心，牢记使命，勠力同心，高质量地完成这项利在当代功在千秋的人文工程。

新旧交替之际，回望来路，有风光秀美之胜景，亦有顶风冒雨之艰途，眺望前路，有目之所及的美好，亦知山高水长，需加倍努力方能到达新的站点。然此刻，心中已全无挂碍，满是再次起航的信心与欢喜。

十年不易，是以为记。

扬起风帆，春船正好行。

高鸿雁

2024年6月3日

杜旭东艺术年表

1. 1989年5月　故事片《老少爷们上法场》中饰演好汉陈老虎。

★ 个人获第十二届“小百花奖”。

2. 1989年5月　故事片《一代枪王》中饰演清官王麻子。

3. 1989年11月　上下集电视剧《三号女监房》中饰演罪犯赵二根。

4. 1990年3月　上下集电视剧《最后的离别》中饰演车贩子杜冬。

5. 1990年5月　上下集电视剧《危机》中饰演痞子铁筢篱。

6. 1991年1月　故事片《烈火金刚》中饰演汉奸二秃子。

★ 该片获得1991中国广播电影电视部“优秀影片奖”优秀故事片，百花奖优秀故事片2005年设立(大众电影百花奖)。

7. 1991年4月　4集电视连续剧《花岗幸存者》中饰演韩老蔫。

8. 1991年6月　故事片《英雄无泪》中饰演罪犯楚二棍子。

9. 1991年9月　8集电视连续剧《石门情报站》中饰演特务黑蛇。

10. 1992年1月　12集电视连续剧《北洋水师》中饰演炮手王国成。

★ 该片获第12届中国电视剧“飞天奖”长篇二等奖。

11. 1992年3月　六幕话剧《远岛之光》中饰演民工王贵发。

★ 该剧获全军话剧调演一等奖。

12. 1992年9月　故事片《青春作证》中饰演摊主刘大头。

13. 1992年11月　上下集电视剧《大风警报》中饰演歹徒侯三儿。

★ 该片获第13届中国电视剧“飞天奖”短篇电视剧三等奖。

14. 1993年3月　单本剧《紧急呼叫“333”》中饰演通讯处长。

15. 1993年5月　4集电视连续剧《雪融》中饰演劳改犯李栓柱。

16. 1993年6月　20集电视连续剧《潮起潮落》中担任剧务，并饰演造反派冯同志。

★ 该片获第14届中国电视剧“飞天奖”长篇电视连续剧二等奖、第07届“金星奖”长篇连续剧一等奖、第12届《大众电视》“金鹰奖”、中宣部“五个一工程”奖。

17. 1993年9月　15集电视连续剧《长天烽火》中饰演日军飞行员小野。

18. 1993年11月　8集电视连续剧《马本斋》中饰演叛徒哈少甫。

★ 该片获第15届中国电视剧“飞天奖”中篇电视连续剧二等奖、少数民族电视剧“骏马奖”。

★ 个人获第十六届中国电视“金鹰奖”最佳男配角提名荣誉奖。

19. 1994年1月　单本剧《国门卫士》中担任制片主任，并饰演指导员。

20. 1994年8月　30集电视连续剧《天桥梦》中饰演伪警察钱局长及戏子瘸哥两个角色。

21. 1994年12月　20集系列电视剧《皇城旅店》中饰演民工杨三墩。

22. 1995年1月　单本剧《夕阳红》中饰演小偷赵虎。

23. 1995年3月　参加海政电视艺术中心小品下部队演出，担任剧务主任，并演出小品《财迷爹》《女兵连的婚礼》。

24. 1995年5月　16集电视连续剧《大凌河》中饰演农民韩三水。

25. 1995年7月　8集电视连续剧《我是一个兵》中饰演小偷黑豆。

26.1995年10月　8集电视连续剧《牧云的男人》中担任制片主任并饰演机械师阿牛。

★ 该片获第16届中国电视剧“飞天奖”中篇电视连续剧三等奖、第09届“金星奖”中篇连续剧三等奖。

★ 个人获第十四届中国电视“金鹰奖”最佳男配角提名荣誉奖。

27. 1996年4月　24集电视连续剧《天津卫》中饰演格司令。

28. 1996年7月　故事片《有话好好说》中饰演民工小个子。

29. 1996年8月　4集电视连续剧《村里的故事》中饰演摊贩吴振海。

30. 1996年9月　20集电视连续剧《红色杀手》中饰演杀手闫铁柱。

31. 1997年1月　10集电视连续剧《四保临江》中饰演机枪班班长田二贵。

★ 该剧获第18届中国电视剧“飞天奖”长篇电视剧三等奖、第10届“金星奖”长篇电视连续剧三等奖。

32. 1997年5月　5集电视连续剧《驱逐舰舰长》中担任制片主任。

★ 该片获第18届中国电视剧“飞天奖”中篇电视剧一等奖、第10届“金星奖”中篇连续剧一等奖、第十六届中国电视“金鹰奖”特别奖、解放军文艺奖、中宣部“五个一工程”奖。

33. 1997年8月　20集电视连续剧《惊世商情》中饰演人贩子刘三爷。

34. 1997年10月　上下集电视剧《一个女中尉与三个男劫匪》中饰演劫匪胡自受。

35. 1998年4月　20集电视连续剧《新泪》中饰演屠夫张大涂。

36. 1998年6月　20集电视连续剧《风景》中饰演农民企业家李大海。

37. 1998年8月　20集电视连续剧《父子情深》中饰演二流子尤长安。

38. 1998年10月　20集电视连续剧《乡村警察》中饰演罪犯蝲蝲蛄。

39. 1999年3月　15集电视连续剧《波涛汹涌》中担任制片主任，并饰演施连志。

★ 该片获第21届中国电视剧“飞天奖”长篇电视剧二等奖。

40. 1999年11月　20集电视连续剧《笑面江湖》中饰演汉奸队长梅青。

41. 2000年5月　电影电视《祝你平安》中饰演小偷三狗。

42. 2000年5月　故事片《古都网事》中饰演修车人李师傅。

43. 2000年6月　6集电视连续剧《最后的村庄》中饰演村民白旦。

★ 该剧荣获第二十届中国电视剧“金鹰奖”优秀中篇电视剧奖。

44. 2000年8月　40集电视连续剧《大宅门》中饰演无赖韩荣发。
45. 2000年12月 电视剧《皇帝的新衣》中饰演宫廷侍者。
46. 2001年4月　20集电视连续剧《我这一辈子》中饰演旧警察王巡长。
47. 2001年5月　20集电视连续剧《大栅栏》中饰演大烟店老板万秉萱。
48. 2001年6月　25集电视连续剧《宅门逆子》中饰演小簸箕。
49. 2001年8月　20集电视连续剧《月色撩人》中饰演杨守富。
50. 2001年10月 35集电视连续剧《神医喜来乐》中饰演药霸孟庆和。

★ 该剧荣获第二十一届中国电视剧“金鹰奖”优秀电视剧奖、第23届中国电视剧“飞天奖”长篇电视剧二等奖。

51. 2002年5月　30集电视连续剧《神鞭》中饰演死崔。
52. 2002年8月　20集电视连续剧《真情港湾》中饰演农民企业家胡八一。
53. 2002年11月 30集电视连续剧《金手指》中饰演伪警长王财。
54. 2003年1月　20集电视连续剧《高光阴影》中饰演杀人犯毛可欣。
55. 2003年6月　20集电视连续剧《种啥得啥》中饰演村民林老三。

★ 该剧荣获第25届中国电视剧“飞天奖”长篇电视剧二等奖、第九届全国农业电影电视“神农奖”金奖。

56. 2003年8月　20集电视连续剧《命运配方》中饰演罪犯董亮。
57. 2003年11月 20集电视连续剧《西部热土》中饰演罪犯金大牙。
58. 2003年12月 电影电视《远东特遣队》中饰演汉奸队长吴力普。
59. 2004年3月　30集电视连续剧《前门楼子九丈九》中饰演人贩子王才。
60. 2004年5月　52集电视连续剧《大宋提刑官》中饰演杀人犯唐二宝。
61. 2004年6月　30集电视连续剧《浪子燕青》中饰演管家李固。
62. 2004年7月　20集电视连续剧《大清御史》中饰演云贵总督鄂文英。
63. 2004年9月　8集电视连续剧《砺剑》中担任制片主任。
64. 2004年10月 20集电视连续剧《水兵俱乐部》中饰演华导演。

★ 该片荣获第17届“金星奖”长篇电视系列剧奖。

65. 2005年1月　35集电视连续剧《京华烟云》中饰演伪警察监狱长。
66. 2005年2月　35集电视连续剧《玉碎》中饰演汉奸队长臭咧咕。
67. 2005年5月　23集电视连续剧《都市外乡人》中饰演村民钱秀。
68. 2005年7月　20集电视连续剧《欢腾的阿伦河》中饰演村民王财。
69. 2006年1月　25集电视连续剧《别拿豆包不当干粮》中饰演农民大嘴叉子。

★ 该剧荣获首届新农村电视艺术节“农村题材电视剧”长篇优秀作品奖。

70. 2006年2月　25集电视连续剧《绝不妥协》中饰演无赖王向东。
71. 2006年3月　数字电影《悬赏缉拿》中饰演出租司机赵小亮。

72. 2006年7月　3集电视连续剧《好人老高》中饰演商贩王老武。

73. 2006年9月　电影《红盾忠魂》中饰演个体户陈永旺。

74. 2006年12月　20集电视连续剧《乡村警察》中饰演副乡长张连春。

75. 2007年3月　30集电视连续剧《团委书记》中饰演还乡团长赵世魁。

76. 2007年4月　26集电视连续剧《旗舰》中饰演农民梅得贵。

★ 该片荣获全国“五个一工程”奖。

77.2007年6月　20集电视连续剧《朝阳沟》中饰演村民麦收。

78.2007年8月　系列剧《一个姑爷半个儿》中饰演农民朱德胜。

79.2007年10月　20集电视连续剧《路在脚下》中饰演村长金解放。

80.2007年11月　30集电视连续剧《女人魂》中饰演军法处处长。

81.2008年3月　情景剧《马警长的故事》中饰演赖叔。

82. 2008年4月　30集电视连续剧《狼烟北平》中饰演车夫李大砍。

83. 2008年6月　电视系列剧《震撼世界的七日》中饰演教师邓伯龙。

84. 2008年6月　电影《前方后方》中饰演灾民李满贵。

85. 2008年7月　40集电视连续剧《大镜门》中饰演军阀严大帅。

86. 2008年7月　电影《金锣对决》中饰演农民罗牛。

87. 2008年8月　数字电影《拒绝》中饰演清洁工杜十一。

88. 2008年8月　数字电影《长青藤》中饰演农民喜大伯。

89. 2008年9月　数字电影《我们村的指导员》中饰演农民洪大。

90. 2008年10月　90集电视连续剧《三国》中饰演庞统。

91. 2009年2月　30集电视连续剧《X特工》中饰演特务队长丁家立。

92. 2009年3月　数字电影《古墓疑云》中饰演罪犯满仓。

93. 2009年4月　22集电视连续剧《丐侠传奇》中饰演稽查队长雷振春。

94. 2009年5月　数字电影《我的钱我做主》中饰演农民导演张富贵。

95. 2009年6月　28集电视连续剧《洪湖赤卫队》中饰演叛徒王金标。

96. 2009年6月　参加全军文艺汇演海政电视艺术中心演出小品《心意》，饰演民工赖二贵。

97. 2009年7月　29集电视连续剧《国防生》中饰演父亲。

98. 2009年9月　荣获全国第六届德艺双馨电视艺术工作者称号。

99. 2009年10月　40集电视连续剧《雪豹》中饰演土匪李武。

100. 2009年11月　20集电视连续剧《情洒香山》中饰演村委会计秋顺。

101. 2010年2月　被评为首届“中国风尚电视人物十大风尚电视男演员”。

102. 2010年2月　25集电视连续剧《拯救女兵司徒慧》中饰演土匪石三勇。

103. 2010年5月　20集电视连续剧《能人冯天贵》中饰演农民谭有财。

104. 2010年6月　20集电视连续剧《军统枪口下的女人》中饰演土匪白老七。
105. 2010年7月　30集电视连续剧《小站风云》中饰演北洋水师管带牛登赢。
106. 2010年9月　数字电影《留驻桃花塬》中饰演村民茹老歪。
107. 2010年10月　25集电视连续剧《新时代警察》中饰演市民左小刚。
108. 2010年11月　32集电视连续剧《给你生命给我爱》中饰演退休工人路强。
109. 2010年12月　30集电视连续剧《第四片甲骨》中饰演罪犯燕狐子。
110. 2011年1月　22集电视连续剧《冀中锄奸队》中饰演伪军中队长亮子。
111. 2011年2月　电影《春暖花会开》中饰演村民路保根。
112. 2011年3月　电影《老汉也疯狂》中饰演市民老贾。
113. 2011年4月　32集电视连续剧《错嫁》中饰演恶人曲得胜。
114. 2011年5月　32集电视连续剧《女兵敢死队》中饰演日军司令山本俊田。
115. 2011年6月　42集电视连续剧《九河入海》中饰演狱头王贵。
116. 2011年7月　38集电视连续剧《裂变》中饰演土匪段江龙。
117. 2011年9月　40集电视连续剧《离婚前规则》中饰演刑满释放人员蒋勇。
118. 2011年9月　40集电视连续剧《闯关东前传》中饰演地主赵福成。
119. 2011年10月　40集电视连续剧《我的故乡晋察冀》中饰演汉奸队长侯景太。
120. 2012年2月　32集电视连续剧《火蓝刀锋》中饰演崔婕父亲。
121. 2012年3月　26集电视连续剧《绝对忠诚》中饰演造反派姚队长。
122. 2012年5月　25集电视连续剧《当家的男人》中饰演村民牛二愣。
123. 2012年8月　电影《喜满堂》中饰演农民企业家钱实惠。
124. 2012年10月　40集电视连续剧《容闳》中饰演师爷贾诚。
125. 2012年12月　33集电视连续剧《兵临村下》中饰演伪军排长牛二狗。
126. 2013年1月　电影《雪落牤牛河》中饰演村民钱六。
127. 2013年2月　40集电视连续剧《我和我的传奇奶奶》中饰演土匪老牛头。
128. 2013年3月　电影《雪野金花》中饰演村民牛三儿。
129. 2013年4月　31集电视连续剧《桃花绽放》中饰演特务站长李志群。
130. 2013年4月　26集电视连续剧《福山恋》中饰演村民王三钱。
131. 2013年5月　36集电视连续剧《舰在亚丁湾》中饰演传销头目阿杜。
132. 2013年6月　32集电视连续剧《冬暖花会开》中饰演市民申东良。
133. 2013年7月　32集电视连续剧《家大业大》中饰演村民四邋遢。
134. 2013年8月　电影《甘露》中饰演村民牛耕田。
135. 2013年9月　电影《姐弟俩》中饰演老板王三。
136. 2013年11月　9集电视连续剧《人贱人爱》中饰演工头老谭。
137. 2013年12月　电影《风雨杨开慧》中饰演恶霸李三魁。

138. 2014年1月　31集电视连续剧《连升三级传奇》中饰演浪人苟旦。

139. 2014年1月　31集电视连续剧《燃烧》中饰演老土匪。

140. 2014年2月　45集电视连续剧《青年霍元甲》中饰演清官傅大人。

141. 2014年4月　38集电视连续剧《烽火英雄传》中饰演黑帮梵老大。

142. 2014年5月　电影《密室不可逃脱》中饰演劫匪老大。

143. 2014年6月　45集电视连续剧《我是赵传奇》中饰演自卫军储大当家。

144. 2014年9月　电影《公鸡、母鸡、拖拉机》中饰演村委会黄主任。

145. 2014年10月　国家大剧院版歌剧《洪湖赤卫队》中饰演叛徒王金标。

146. 2014年11月　40集电视连续剧《豆娘》中饰演汉奸圪节节。

147. 2014年12月　电影《边城困兽》中饰演海盗头子彭拜。

148. 2015年1月　62集电视连续剧《客家人》中饰演海盗头子郑义。

149. 2015年4月　电影《少年杨靖宇》中饰演地主李二鸟。

150. 2015年5月　电影《新欢喜冤家》中饰演村民赵学贵。

151. 2015年6月　40集电视连续剧《飞虎队传奇》中饰演日军司令官元泉。

152. 2015年7月　微电影《天山儿女》中饰演退休工人父亲。

★ 该片荣获美国“2015国际独立电影奖”最佳短片白金奖、最佳导演白金奖。

★ 第五届“印度尼西亚国际电影摄影节”最佳影片奖、国际短片钻石奖、年度最佳导演白金奖。

★“欧洲万像国际电影节”最佳新锐导演奖。

★ 德国“柏林华语电影节”最佳短片奖、短片最佳编剧奖。

★ 第三届亚洲微电影艺术节“金海棠奖”最佳作品奖、最佳导演奖、优秀原创音乐微电影奖、优秀男主角奖、优秀男配角奖。

★“加拿大第三届金熊猫北美国际微电影节”网络最受欢迎微电影奖。

★“第五届北京国际微电影节”评委会大奖、最佳导演奖。

★ 第三届“中国平遥微电影节”最佳影片奖、最佳导演奖、最佳策划奖。

★“2015海峡国际微电影节”最佳人文奖。

★“首届中国公益微电影节”优秀影片奖。

★“第二届全国职工微影视大赛”金奖 。

★ “中国梦影响力”第三届中国（武汉）微电影大赛特别贡献奖，“金鹤奖”最佳故事片提名、

最佳编剧提名、最佳男主角提名。

★ 第八届海峡论坛海峡影视季“最暖心微电影”奖。

★“2016中国（威海）国际微电影盛典”“金贝奖”最佳剧情片奖、最佳导演奖。

★“中国·潍坊(峡山)金风筝国际微电影大赛”评委会大奖、十佳导演奖。

★ 个人荣获第三届亚洲微电影艺术节优秀男主角奖、第二届厦门国际青年微电影节最佳男主角奖。

153. 2015年7月　电影《这都不是事》中饰演农民老王。
154. 2015年9月　电影《失魂岛》中饰演守岛杀手神秘人。
155. 2015年10月　电影《南口1937》中饰演日军指挥官岸田呈雄。
156. 2015年11月　电影《毛驴县令之虎口拔牙》中饰演山寨大当家张虎。
157. 2015年11月　电影《盗局》中饰演黑社会老板。
158. 2016年1月　电影《寻枪记》中饰演监狱长。
159. 2016年1月　36集电视连续剧《密战无声》中饰演国军司令马司令。
160. 2016年2月　40集电视连续剧《复婚前规则》中饰演黑社会老板。
161. 2016年3月　东方卫视《欢乐喜剧人》中给潘长江助演。
162. 2016年3月　数字电影《死亡记忆》中饰演老板。
163. 2016年5月　45集电视连续剧《典当行》中饰演古玩店老板。
164. 2016年6月　电影《锅是铁》中饰演村民。
165. 2016年6月　电影《扯犊子》中饰演岳父。
166. 2016年7月　42集电视连续剧《浪花淘尽》中饰演警察署长。
167. 2016年9月　电影《大导归来》中饰演村长。
168. 2016年9月　36集电视连续剧《千面英雄》中饰演清官。
169. 2016年10月　电影《艺术也疯狂》中饰演黑社会老板吴富贵。
170. 2016年12月　网剧《梁山伯与祝英台》中饰演祝英台父亲祝员外。
171. 2017年1月　电影《槐秋》中饰演村民陈富贵。
172. 2017年3月　数字电影《鬼子也疯狂》中饰演日军军官。
173. 2017年6月　电影《二师兄来了》中饰演企业家徐二碗。
174. 2017年7月　38集电视连续剧《福星盈门》中饰演老板。
175. 2017年8月　电影《这一道山，那一道梁》中饰演邹德清。
176. 2017年8月　网络电影《丛林营救》中饰演罪犯张二毛。
177. 2017年9月　电影《小儿锦》中饰演国民党匪团参谋长马存录。
178. 2017年10月　电影《天刃》中饰演罪犯二球拍。
179. 2017年10月　30集电视连续剧《草原之约》中饰演村民帖木儿。
180. 2017年12月　电影《莫不如》中饰演王满田。
181. 2018年4月　电影《红色圩场》中饰演恶霸地主方里锐。
182. 2018年5月　电影《皮皮虾总裁》中饰演地痞。
183. 2018年5月　42集电视连续剧《兰桐树》中饰演老板裴总。
184. 2018年6月　55集电视连续剧《芝麻胡同》中饰演恶霸佟大麻子。

185. 2018年7月　45集电视连续剧《青年霍元甲》中饰演傅大人。
186. 2018年8月　电影《订亲》中饰演村民王麻子。
187. 2018年9月　电影《那座桥》中饰演老支书。
188. 2018年9月　44集电视连续剧《苦菜花》中饰演地主恶霸王唯一。
189. 2018年11月　28集电视连续剧《北京往事》中饰演黑社会老大万爷。
190. 2018年12月　电影《殉道者》中饰演恶霸马武。
191. 2019年6月　电影《二十岁首席执行官》中饰演村民崔老二。
192. 2019年7月　电影《秘穴来疯》中饰演盗墓头子马彪。
193. 2019年10月　30集电视连续剧《鹿鸣春晓》中饰演村民老宋。
194. 2020年6月　电影《巫山儿女》中饰演村民岩老大。
195. 2020年6月　电影《湖阳公主》中饰演恶霸公孙霸。
196. 2020年8月　电视连续剧《红星1934》中饰演商人崔世万。
197. 2020年8月　电影《打更人》中饰演算命先生冯褂子。
198. 2020年9月　电影《九兰》中饰演保安。
199. 2020年9月　电影《暗冰将至》中饰演黑社会老大九爷。
200. 2020年10月　电影《草原上的萨日朗》中饰演村民王二。
201. 2020年11月　电影《宝贝不哭》中饰演小学校长。
202. 2020年11月　电影《疯狂的背包》中饰演村民小芳父亲。
203. 2020年12月　电影《火种》中饰演伪警察侯长贵。
204. 2021年1月　网剧《奇葩客栈》中饰演父亲。
205. 2021年1月　电影《振华英雄》中饰演日军大佐藤田。
206. 2021年3月　电影《破冰少年》中饰演老板贾经理。
207. 2021年4月　电影《陀螺女孩》中饰演富豪张百万。
208. 2021年4月　电影《与鱼共舞》中饰演拆迁队长大潘。
209. 2021年4月　电影《山河谣》中饰演村主任牛永贵。
210. 2021年5月　电影《二七风暴》中饰演铁路局局长赵继贤。
211. 2021年6月　音乐电影《我的爸爸》中饰演爸爸。
212. 2021年7月　电影《九妹村的暴风骤雨》中饰演村民大肩脸。
213. 2021年7月　电影《钢铁意志》中饰演特务朱大耳朵。
214. 2021年8月　30集电视连续剧《我爱轰炸机》中饰演村民二田。
215. 2021年9月　微电影《一个志愿者的日记》中饰演大叔。
216. 2021年9月　电影《括苍山剿匪记》中饰演土匪头子王老虎。
217. 2021年10月　电影《黑石岭怪谈》中饰演虔婆。
218. 2021年10月　电影《上海滩风云正道》中饰演陈天威。
219. 2021年10月　电影《神剑三少爷》中饰演吴二。

图书在版编目（CIP）数据

春船正好行 / 杜旭东，褚秋艳著. — 北京：中国文联出版社，2024.10 --ISBN 978-7-5190-5612-4

Ⅰ. K825.78

中国国家版本馆CIP数据核字第2024WF9089号

春船正好行

著 作 者：杜旭东　褚秋艳
责任编辑：张超琪　黄雪彬
责任校对：秀点校对
装帧设计：鲁伟娜

出版发行：中国文联出版社有限公司
社　　址：北京市朝阳区农展馆南里10号　　邮编：100125
网　　址：http://www.clapnet.cn
电　　话：010-85923091（总编室）　010-85923058（编辑部）
　　　　　010-85923025（发行部）
经　　销：全国新华书店等
印　　刷：北京永诚印刷有限公司

开　　本：787毫米×1092毫米　1/16
印　　张：22
字　　数：277千
版　　次：2024年10月第1版
　　　　　2024年10月第1次印刷
书　　号：ISBN 978-7-5190-5612-4
定　　价：85.00元